名师工程
《基础教育课程》丛书

教育部基础教育课程教材发展中心
《基础教育课程》杂志社组编

基于核心素养的高中地理教学

总 主 编　付宜红
本册主编　刘　荣

西南大学出版社
国家一级出版社　全国百佳图书出版单位

图书在版编目（CIP）数据

基于核心素养的高中地理教学/刘荣主编. — 重庆：西南大学出版社，2023.5
ISBN 978-7-5697-1530-9

Ⅰ.①基… Ⅱ.①刘… Ⅲ.①中学地理课－教学研究－高中 Ⅳ.①G633.552

中国国家版本馆CIP数据核字（2023）第072273号

基于核心素养的高中地理教学
JIYU HEXIN SUYANG DE GAOZHONG DILI JIAOXUE

刘　荣　主编

责任编辑：	郑先俐
责任校对：	黄丽玉
出版发行：	西南大学出版社（原西南师范大学出版社）
	地址：重庆市北碚区天生路2号
	邮编：400715　市场营销部电话：023-68868624
	网址：http://www.xdcbs.com
经　　销：	新华书店
印　　刷：	重庆长虹印务有限公司
幅面尺寸：	170mm×240mm
印　　张：	13.25
字　　数：	218千字
版　　次：	2023年5月　第1版
印　　次：	2023年5月　第1次印刷
书　　号：	ISBN 978-7-5697-1530-9
定　　价：	68.00元

若有印装质量问题，请联系出版社调换

版权所有　翻印必究

foreword 序

本丛书是由教育部基础教育课程教材发展中心《基础教育课程》杂志社策划编辑的系列教师读本。丛书中提炼的主题以及精选的文章聚焦当前教育重点、热点话题，体现了《基础教育课程》杂志的办刊理念，浓缩了《基础教育课程》杂志近年来的出刊精华，汇聚了全国一流专家学者、特级教师，以及教育行政、教研人员的科研成果与实践智慧。

课程是国家意志的体现，基础教育课程承载着国家对人才培养的目标、期盼与路径设计。2004年，由教育部主管、教育部基础教育课程教材发展中心主办的《基础教育课程》杂志创刊，国务院前副总理李岚清同志亲笔题写刊名。当时的杂志从教育部为各课程改革实验区编发的《基础教育课程改革通讯》改编而来。十几年来，杂志秉承"专业引领、服务实践"的办刊理念，以全面贯彻新时期党和国家教育方针，坚守素质教育阵地，弘扬课程改革主旋律，落实立德树人根本任务为宗旨，聚焦基础教育课程改革的推进，记录、跟踪基础教育课程改革发展历程，权威发布并深度解读国家基础教育改革及课程教材建设相关政策文件，提炼报道地方及学校改革经验和动态，宣传推广基础教育课程教材、教学教研及评价领域最新成果。如今，《基础教育课程》杂志已成为国内一流的课程教学专业期刊，是国家课程教材专业研究机构——课程教材研究所指定期刊，全国中文核心期刊，中国人民大学复印报刊资料重要转载来源，为中国核心期刊（遴选）数据库、中国学术期刊网络出版总库全文收录。

近年来，《基础教育课程》杂志聚焦教育部主责主业，依托国家教材委员会，教育部基础教育课程教材专家咨询委员会，国家课程方案、各学科课程标准以及中高考命题改革等权威专家力量，在学生核心素养发展、国家课程方案、课程标准、新教材解读以及教学研究、考试评价制度改革、深度学习教学改进、高中育人模式变革等方面做了系列重点报道，已成为地方、学校执行国家课程方案，探索育人模式变革，落实立德树人根本任务的高端交流与展示平台。为使期刊近年来策划组织的相关重大选题和文章发挥更大的辐射作用，在西南大学出版社的支持下，我们策划编撰了此丛书。

此丛书共有两个系列，分别是"基于核心素养的新时代课程建设系列"和"基于核心素养的教学改进系列"。"基于核心素养的新时代课程建设系列"包含《新时代的劳动教育》《新时代的校本课程建设》《新时代的主题教育课程》和《新时代的教研工作》四个分册。"基于核心素养的教学改进系列"涵盖《基于核心素养教学改进的落地导引》《基于核心素养的大单元和大概念教学》《基于核心素养的深度学习》《基于核心素养的项目式学习》《基于核心素养的跨学科学习》《基于核心素养的任务驱动与问题解决式学习》及《基于核心素养、着眼未来的学习》等热点教学策略。此外，"基于核心素养的教学改进系列"还聚焦普通高中新课程标准（2017年版2020年修订）和新高考，涉及语文、数学、英语、思想政治、历史、地理、物理、化学、生物学9个学科的新课标、新教材及其对应的新教学策略与教学设计和考试评价等内容。

有别于名家、名师的个人专著，本丛书具有作者众多，研究视角多样，案例丰富、典型，特别是导向前瞻，既有理论指导性又有实践可操作性等鲜明特点，希望能为广大教师在落实立德树人根本任务，构建"五育"并举的学校课程体系，开展基于核心素养的教学以及探索新中高考改革的路上提供切实的引导与帮助！

《基础教育课程》杂志社主编　付宜红

Preface 前言

　　普通高中地理课程是一门学习地理学知识、思想和方法的基础学科课程，它对学生学会从地理视角认识和欣赏自然与人文环境，懂得人与自然和谐共生的道理，提高生活品位和精神境界具有重要作用。2017年底，教育部印发《普通高中地理课程标准（2017年版）》，并于2020年5月进行了修订，再次颁布了《普通高中地理课程标准（2017年版2020年修订）》（以下简称为"新课程标准"），使得普通高中地理课程教学步入了一个崭新的时代。

　　新课程标准结合高中地理课程特点和育人目标，确立了人地协调观、综合思维、区域认知、地理实践力四个方面为地理学科核心素养，围绕地理学科核心素养的落实，精选、充实课程内容，指导课程实施，提出教材编写与评价考试的建议。作为研究地理环境以及人类活动与地理环境关系的学科，地理学科兼具自然科学和社会科学的性质，在国家经济、社会发展中的作用和价值越来越凸显。高中地理课程充分发挥学科优势，将党的十九大提出的"人与自然和谐共生""维护国家主权、安全、发展利益""构建人类命运共同体""实施区域协调发展战略、可持续发展战略"等新思想、新理念努力融入具体内容之中,将此作为地理课程标准修订应承担的重大责任。

新课程标准坚持基础性、多样性、选择性并重,构建了必修、选择性必修、选修三类科学合理、功能互补的课程体系,满足不同学生发展的需要。课程围绕"我们所处的地理环境是什么样子的""人们是如何进行生产和生活的""人们应该秉持什么样的发展观"精心遴选内容,力求科学性、实践性、时代性的统一。同时,根据学生地理学科核心素养形成过程的特点,新课程标准强化了对地理实践活动的要求,引导学生通过自主、合作、探究等学习方式,在自然、社会等真实情境中开展丰富多样的地理实践活动;充分利用地理信息技术,营造直观、实时、生动的地理教学环境。

在新课程标准的统领下,专家团队启动了普通高中地理教材的编写修订工作。截至2021年,共有人教版、山教版、中图版、湘教版、华师大版五个版本的普通高中地理教材通过审定并投入使用。普通高中地理教材的编写遵循新课程标准确立的课程理念和目标要求,注重地理内容的基础性和选择性,突出地理学科核心素养的落实,反映地理学科发展和地理教育发展的特点和趋势,关注学生的生活经验,在提高教材的思想性、科学性、时代性、系统性、适宜性和可操作性上下功夫,形成了不同的编排体系以及相应的风格特色,彰显了地理学科特有的育人价值和功能。

新课程和新教材呼唤新的教学与评价方式。如何在课堂教学中培育学生的地理学科核心素养?采用什么样的教学方式能够促进学生核心素养的发展?地理学科核心素养如何评价与测量?学业质量标准与考试评价的关系是什么?基于核心素养的课程改革,促使地理教学和研究工作者对传统的课堂教学和评价展开新一轮审视。新课程标准从地理学科核心素养发展的角度,提倡教师尝试问题式教学、表现性评价等新的教学和评价方式,这些有待于地理教师在一线教学中实践探索。

为了落实好当前新课标、新教材、新教学、新评价及其对地理教师的新要求,《基础教育课程》杂志自新课程标准颁布以来,走访课程改革名家，征集一线优秀地理学科教研员、特级教师等的科研与教学成果，刊发介绍了大量针对普通高中地理课程改革研究与实践的文章。本书遴选其中精华部分，精心编排，奉献给读者。全书共分为三章。第一章"走进新时代的地理课程改革"，主要介绍2017年版普通高中地理课程标准的修订思路、主要亮点，新时代地理课程教学的新理念和重点关注，以及新教材的特点及重要变化。本章呈现了当前普通高中地理课程的相关概念和基本原理，是全书的基础与方向。第二章"指向地理学科核心素养养成的教学实践"，主要阐述高中地理教学对地理实践力等核心素养培育的落实，对项目教学、大单元教学、主题教学等教学方式的探索，以及如何拓展资源、多渠道促进地理课程建设。本章呈现了全国各地的专家、教研员、优秀教师为落实学生地理学科核心素养培育而贡献的智慧，是本书的重心和落脚点。第三章"地理学科核心素养的评与考"，阐述了核心素养视域下地理学科核心素养的评价探索，精选了近年来地理学科的高考试题并进行解析。本章通过对地理学科学业评价和命题改进的研究，呈现了新高考如何与新课程对接，如何促进教师教学从知识、能力立意到学科核心素养立意的转变等方面的成果。

本书试图从课程、教材、教学、评价四个方面呈现普通高中地理新课程的发展，力求做到从理论到实践，深入浅出，层层递进，既有理论内涵的介绍与剖析，又有实践应用的策略与方法，期待能够为促进广大教师教学实践、推动普通高中地理课程发展提供借鉴。

Contents 目 录

第一章 走进新时代的地理课程改革

四大素养展示高中地理课程核心价值 / 朱 翔 韦志榕 1
课程标准中的国家安全教育
　　——以《普通高中地理课程标准（2017年版）》为例 / 朱 翔 6
挖掘地理教学资源及其内涵，加强意识形态的方向引领 / 张维四 12
2019版普通高中地理教材（湘教版）的理念与变化 /
　　朱 翔 胡茂永 18
高中地理教材如何适应新时代
　　——2019版普通高中地理（鲁教版）教材特点分析 /
　　王 建 24
新中图版普通高中地理"课题"研究的特点与实施建议 / 徐海龙 30
《资源、环境与国家安全》课程理解与教学建议
　　——以"石油与国家安全"一节为例 / 王建芹 38

第二章 指向地理学科核心素养养成的教学实践

第一节 强化地理实践力，落实核心素养培育 / 44
以简易实验为抓手提高地理实践力 / 徐国存 44
在实践课堂中提升地理实践力 / 王贵峰 50
以地理实践力为导向的课堂模拟实验教学策略
　　——以"昼夜长短变化"为例 / 戴文斌 54

第二节 基于项目和大单元的教学创新 / 63

指向核心素养养成的项目教学
　　——以地理学科为例 / 程　菊　王万燕　63
基于项目化学习的高中地理实践活动设计与实施
　　——以"福州市上下杭旅游开发条件探究"为例 /
　　朱枭雄　刘恭祥　71
重构学习单元，促进核心素养落地 / 程　菊　81
以核心概念为中心的地理单元教学设计 / 曾早早　90
基于学科核心素养的地理教学设计 / 凌　锋　100
促进高阶思维发展的地理问题设计 / 董瑞杰　105
中学地理"概念为本"教学的内涵与策略 / 李春艳　刘金玲　114
主题式教学在高三地理复习课中的应用
　　——以"国际背景下的中国产业发展"一课为例 / 徐　夏　122

第三节 拓宽资源，多渠道促进地理课程建设 / 130

融入区域资源　推进高中地理育人方式变革 /
　　赵丽霞　董英豪　杨青华　秦龙洋　130
高中地理课程校本化开发策略 / 戴文斌　朱　翔　胡茂永　140
大台风吹来新思考
　　——地理课堂教学中核心素养的落地思考 / 叶克鹏　146

第三章　地理学科核心素养的评与考

凸显地理核心素养立意的建构反应题
　　——以2018年高考地理江苏卷第27题为例 / 佟　柠　156
在试题中感受"对生活有用的地理" / 潘化兵　胡宗英　162
面向真实的学习表现：地理学科育人新路向 / 佟　柠　166
透过试题看取向
　　——以2020年高考文科综合全国Ⅰ卷地理试题为例 /
　　程　菊　王万燕　174
"河流"在近年高考地理试题中的考查与启示 /
　　周明发　罗　培　周远桢　杨小华　182
地理综合思维的考查与培养
　　——以2021年全国高考甲卷文科综合第37题为例 / 佟　柠　193

第一章

走进新时代的地理课程改革

四大素养展示高中地理课程核心价值

朱 翔[①] 韦志榕[②]

一、普通高中地理课程修订的现实背景及指导方向

自2003年《普通高中地理课程标准（实验）》颁布，距今已经20年了。调研结果表明，实验稿得到了广大地理教师的高度认可。但是，成就与问题是并存的，主要表现在以下方面：一是教师认同"三维目标"，在一定程度上改变了过去教学目标只重视落实"双基"的状况。但在教学实践中仍然存在着将"三维目标"割裂或是贴标签的情况，使教育目标无法在同一个学生身上得到"整体表现"，削弱了课程的育人价值。二是教师认同地理课程结构，认为必修课程与选修课程的开设突出了高中地理课程的基础性和选择性。课程体系不刻意追求地理学科体系的完整性，避免了过于专业化和学科化。但是，从课程内容来看，有些模块的内容容量过大，与课时不匹配；一些主题教育内容，如地球科学、海洋权益、国家安全等尚不够充分。此外，生活性、实践性的内容明显不足。三是教师认同

[①] 朱翔，湖南师范大学资源与环境科学学院教授。

[②] 韦志榕，人民教育出版社编审、原总编辑。

自主、合作、探究的教学方式，并且积极付诸实践，传统课堂上的"满堂灌""一言堂"的状况有明显改观，探究式学习方式渐成气候。但是，总体来看，教学仍然没有跳出"教知识"的窠臼，尤其是引导学生走进真实的自然和社会的地理实践活动凤毛麟角。四是教师认同评价方式的多元化，注重评价的过程性和发展性。但是，没有统一的学业质量要求，不同阶段学生的学业水平无法测量。这些问题是高中地理课程改革中出现的问题，需要通过进一步深化改革加以解决。

党的十八大以来，在以习近平同志为核心的党中央的领导下，我们国家取得了全方位、开创性的成就，迎来了中国特色社会主义新时代。新时代孕育新思想、新理念。例如，在21世纪中叶建成富强、民主、文明、和谐、美丽的社会主义现代化强国的总任务，"五位一体"总体布局和"四个全面"战略布局，以及创新、协调、绿色、开放、共享的新发展理念等，对高中地理课程标准修订工作的顶层设计具有极其重要的指导意义。地理学是研究地理环境以及人类活动与地理环境关系的学科，兼有自然科学与社会科学的性质，在国家经济、社会发展中的作用和价值越来越凸显，尤其在贯彻落实党的十九大提出的人与自然和谐共生，维护国家主权、安全、发展利益，构建人类命运共同体，实施区域协调发展战略、可持续发展战略等方面，具有不可替代的学科优势。这次普通高中地理课程标准的修订，以这些新思想、新理念为指导，努力将其融入课程具体内容中。我们将此作为地理课程标准修订应承担的重大责任。

二、地理学科核心素养及其在内容中的落实

按照普通高中课程标准的总体设计，各学科课程标准的亮点之一就是凝练学科核心素养。所谓学科核心素养，是学科育人价值的集中体现，是学生通过学科学习逐步形成的正确价值观念、必备品格和关键能力。地理课程标准修订组从地理学科维度、中国地理课程百年发展维度，以及国际地理教育比较等维度，对学术领域的地理学科和课程领域的地理学科进行了深入研究，进一步明确了地理学的使命、目标、思想方法和手段，并结

合高中地理课程的特点和学科核心素养的内涵要求，将人地协调观、综合思维、区域认知、地理实践力确立为地理学科核心素养。地理学科核心素养的确立，有其坚实的地理学基础，也凸显了地理课程的特色。四个核心素养是一个有机的整体。人地协调观是地理课程内容蕴含的最为核心的价值观，包含正确的人口观、资源观、环境观和发展观等；综合思维、区域认知和地理实践力相互影响，并从思维方式和行动能力两个方面对学生形成人地协调观起着重要的支撑作用。

普通高中地理课程由必修、选择性必修和选修三类课程构成。必修课程是全体高中学生必须学习的，课程设计关注学生的共同基础。与原地理必修课程内容相比，修订后的课程内容相对宽而浅，可以使学生了解我们所处的地理环境（包括自然环境和人文环境）是什么样子的、人们是如何进行生产和生活的、人们应该秉持什么样的发展观。此外，强化了对地理实践活动的要求，如明确要求进行地理观察、野外考察、社会调查等实践活动，让学生走出课堂，到真实的地理情境中学习；明确通过探究自然和人文地理问题，了解地理信息技术的运用，提升借助信息技术学习的能力。选择性必修课程是将地理作为学业水平等级性考试科目的学生必须全部学习的，课程设计关注在必修课程的基础上加强学科知识的系统性、时代性。例如，《自然地理基础》加强对地理过程和地理规律的认识，树立人与自然是生命共同体的观念；《区域发展》加强对区域创新发展和转型发展的认识，树立区域协调发展的观念；《资源、环境与国家安全》加强对资源、环境与国家安全关系的认识，树立维护国家安全、发展利益的观念。这部分课程其他学生可以选择修习。选修课程则是学生根据个人兴趣、学业发展或职业倾向自主选择学习的，其因循自然领域、人文领域、技术与实践领域，设计了9门课程。

高中地理课程内容，除了要反映地理科学长期关注的地表格局、地表过程、人地耦合、可持续发展等主题，以及地理学正一步步从知识、科学走向决策支撑的发展方向外，更为关注的是地理学科核心素养在课程中的落实。据此，在每一个学习模块的"学业要求"中，都明确标识了结合课程内容如何落实地理学科核心素养的要求。例如，必修课程地理2中的学业要求："学习本模块之后，学生能够运用地理信息技术或其他地理工具，收集和呈现人口、城镇、产业活动等人文地理数据、图表和地图（地理实践力）。能够描述人文地理事物的空间现象及其变化，解释不同地方的人们对产业活动进行区位选择的依据（综合思维、区域认知）。能够形成判断人类活动与资源环境问题关系的初步意识（人地协调观）。"

三、地理课程学业质量水平的划分及作用

普通高中地理学业质量是学生完成高中阶段地理学习之后，对学生地理学科核心素养表现的总体描述。因此，与地理学科核心素养划分的4个水平等级相对应，我们将地理学业质量水平也确定为4级，保证两者水平层级的一致性。对学业质量水平的描述应考虑以下两点：第一，学业质量要结合课程的具体内容，如水平1和水平2，结合必修课程的内容；水平3和水平4，结合选择性必修课程的内容，便于教师操作，好用管用。第二，采用"表现性"水平描述的方式，通过由具有良好结构的情境到具有不良结构的情境设计，以及结合课程内容由简单到复杂的行为表现要求，测评学生在"什么情境"状态下"能做什么事情""做到什么程度"，而且不同水平之间体现进阶学习思路。如学业质量水平1"在简单、常见的情境中，能够辨识地貌、大气、水、土壤、植被等自然地理要素，简单分析其中两个要素的相互作用，及其与人类活动的相互影响……"；学业质量水平2"对于给定的简单地理事象，能够简单分析地貌、大气、水、土壤、植被等自然地理要素中多个要素之间的关系，解释地球演化、热力环流、水循环等的时空变化过程，辨识某些自然地理要素与人类活动相互作用的主要方式和结果……"。

普通高中地理学业质量水平是地理学业水平考试命题的依据。学业水平考试分为合格性考试和等级性考试。学业质量水平2是高中毕业生在地理学科上应该达到的合格要求，在学业水平合格性考试命题中要重点理解和把握；学业质量水平4是选择地理作为学业水平等级性考试科目的学生

应该达到的要求,在学业水平等级性考试命题中要重点理解和把握。

四、基于地理学科核心素养的教学与评价示例

在课程标准的"教学与评价建议"部分,从有利于地理学科核心素养发展的角度,提倡教师尝试比较新颖的教学方式和评价方式,如问题式教学和表现性评价等。问题式教学是用"问题"整合相关学习内容的教学方式,具有问题中心性、学生主体性、思维多向性等特点。问题式教学强调寻求教学过程的整合性、学习情境的真实性、学习过程的探究性。地理学科核心素养是需要在一定的情境中,通过境遇性学习、体验性学习、交往性学习、操作性学习、反思性学习去获得的,因此,问题式学习是地理学习的重要方式。

表现性评价是对学生在真实情境中完成某项任务或任务群时所表现出的语言、文字、创造力和实践能力的评定。表现性评价能够实现教学与评价的整合,评价不仅仅是教学之后的一个环节,而且整合在教学过程之中,学习、教学与评价构成一个良性互动、相互促进的有机体。地理学科核心素养的培养是有连续性和阶段性的,因此,表现性评价是适合地理学科核心素养发展的评价方式。

课程标准中的国家安全教育

——以《普通高中地理课程标准（2017年版）》为例

朱 翔[①]

我国是一个发展中的大国，人口众多，地区差异大。随着人口的持续增加，尤其是产业发展和城镇建设的深入，资源与环境面临着空前的压力，国家安全问题日益突出。从地理学的角度来看，新时期我国面临的国家安全问题，主要是矿产安全、石油安全、水安全、耕地安全、海洋安全、环境安全等。党中央十分重视国家安全问题，明确指示在普通高中地理课程标准中，要有相关矿产、石油、水、耕地、海洋、环境等安全问题的内容，其中耕地安全、能源安全、海洋安全等内容还要体现在必修课程之中。

《普通高中地理课程标准（2017年版）》在必修课程中选取了资源、能源、环境、海洋等领域的内容。选择性必修3的主题确定为"资源、环境与国家安全"，涵盖三方面的内容：自然资源开发利用，环境保护，资源、环境对国家安全的重要意义。其重点阐释了自然资源的基本概念、碳减排国际合作的重要性、自然保护区对生态安全的意义、严格控制污染物的跨国移动等内容。选择性必修3以资源、环境与国家安全的关系为主线组织教学，帮助学生掌握资源、环境问题的基本内涵，了解资源、环境问题对国家安全的重要性。具体教学要点如下。

一、矿产资源安全

目前，我国已探明储量的矿产资源约160种，资源总量占世界的12%，是世界上矿产资源总量丰富、种类比较齐全的少数几个资源大国

---

① 朱翔，湖南师范大学资源与环境科学学院教授。

之一。在我国矿产资源中，钨、锡、锑、稀土等矿产居世界第一位，煤、钒、钼、锂等矿产居世界第二位。但我国人口众多，人均矿产探明储量仅为世界平均水平的58%。我国是世界上重要的矿业大国，年矿产开采量近50亿吨，约占世界的1/10。多年来，我国矿产进出口额占全国商品进出口总额的20%以上，在国民经济中地位突出。

我国少部分矿产品位较高，如钨矿、锑矿等，大部分矿产品位较低，铁、铜、铝土等多为贫矿。我国有一半以上的矿产以共生的形式赋存，尤其是金属矿产，造成利用难度大、开采成本高。比如，我国97%的铁矿为贫矿，利用难度较大。我国的铜矿平均品位远低于智利、赞比亚等产铜大国。铝土矿、磷矿、锰矿多属于选矿和冶炼难度较大的矿种，开采成本长期偏高。我国许多重要的矿产资源集中分布在少数省区。煤炭主要集中分布在山西、陕西和内蒙古，天然气多分布在西部，磷矿、钨矿、锡矿主要分布在南方少数省级行政区域单位。

为保障国家经济安全、国防安全和战略性新兴产业发展需求，国家把铁矿、石油、铀矿、稀土等24种矿产列为战略性矿产，作为宏观调控和管理的重点对象。今后工作重点包括：加大勘察力度，实现开源；健全政策法规，科学节流；完善国家矿产资源战略储备体系；加紧推进资源供给国际化战略；改善矿区生态环境，提高资源利用效率等。

二、石油安全

世界石油资源分布极不平衡。2016年，全球石油探明储量2 407亿吨。各国石油资源量差异甚大，石油储量居前10位的国家，合占世界石油储量的85%以上，其中中东石油储量占全世界的一半左右。

美国、日本和欧盟的石油消费量高，其中美国更是全球第一大石油消费国。俄罗斯和中东拥有丰富的石油资源，沙特阿拉伯为世界第一大产油国。2016年，中国和印度的石油消耗量分别居世界第二位和第三位。

我国石油资源储量丰富，但人均储量甚少。2016年，我国石油储采比仅为12.7，远低于世界平均水平。国内油田大多已过盛产期。在油气资源丰富的海域，我国面临着与邻国的国际纠纷。从1993年我国变为石油净进口国以来，石油供需矛盾逐渐凸显，石油进口量逐年攀升，对外依存度不断提高。

目前，我国每年都要进口石油3亿多吨，主要来自中东、非洲、拉丁美洲和俄罗斯等地。我国从中东进口石油，需要经过霍尔木兹海峡、马六甲海峡、台湾海峡等战略"咽喉"要道。我国致力于拓展陆路石油进口新通道，相继建成了中俄东北石油运输管道、中哈西北石油运输管道和中缅西南石油运输管道。2004年，我国开始实行石油战略储备，现已建成舟山、镇海、大连、黄岛、独山子、兰州、天津、黄岛等国家石油储备基地。

三、水安全

我国水资源丰富，年水资源总量为32 500亿立方米。人均水资源量为2 350立方米。我国水资源的问题，主要是人均水资源明显不足、时空分布不均、水污染严重、旱涝灾害频繁等。我国水资源在空间分布上，具有"南多北少、东多西少"的特点；在时间分配上具有夏秋多、冬春少和年际变化大的特点。

我国水体污染主要是由工业废水、农药、生活污水以及各种废弃物排放造成的。我国单位产值的工业污染排放量比欧美国家常高出几倍到十几倍，城市生活污水排放量也日益上升，处理率比较低。我国的河流、湖泊和水库都受到不同程度的污染。全国90%的地下水遭受不同程度的污染，其中浅层地下水污染情况严重。

兴修水利，对自然界的水体，如河流、湖泊、海洋、地下水等进行调控和整治，能够提高水资源利用效率，减轻水旱灾害。修建水利工程，如水库、渠道、跨流域调水工程等，可以解决水资源时空分布不均衡的问题。都江堰、京杭大运河、三峡工程、南水北调工程等，都是我国著名的水利工程。

水域对污染物的容纳能力是有限的，超过一定限度就会造成生态环境破坏。排放污染物时，必须充分考虑水体的承载能力，把环境污染控制在特定限度之内。通过法治、管理、科技等手段，预防和治理水污染。建立水质监测体系，发动社会各界力量，共同参与监督。

四、耕地安全

2017年，我国拥有耕地1.35亿公顷，人均耕地仅1.5亩。近30年我国耕地数量逐渐减少，主要是建设占用、水土流失、荒漠化、土壤污染等，加之人口持续增加，致使人均耕地面积不断减少。

我国采取了耕地占补平衡的政策，尽管实现了耕地总量平衡，但优质耕地被大量占用，导致耕地总体质量持续下降。我国粮食生产仅能支持14亿多国民的温饱，倘若遭遇较大自然灾害，就不得不从国际市场大量进口粮食。我国粮食自给率应维持在95%左右，5%可依靠国际市场。因此，确保我国耕地安全，是实现我国粮食安全的前提。

确保我国14亿~15亿人口的口粮供给，必须要有18亿亩以上的耕地，每年都要生产6亿吨粮食。因此，18亿亩耕地红线，是中华民族赖以生存和发展的生命线。十分珍惜、合理利用土地和切实保护耕地是我国的基本国策。我国全面实施乡村振兴战略，增加对粮食生产的投入，同时加大对水利设施的投入，以及大力扶持粮食主产区。

五、海洋资源安全

海洋空间资源是指海洋水体所占据的广阔空间，一般包括海岸带、海上、海水中和海底4个部分。海洋权是国家主权的重要组成部分，它所包含的内水及领海主权、海域管辖主权和主权权利等，都直接关系到国家的安全利益和发展利益。海域、领海、毗连区、专属经济区、大陆架等，必须根据国际海洋法规定和本国政府的主张确定。

我国地处太平洋西岸，是世界上重要的海洋大国。我国沿海岛屿众多，海岸线曲折漫长。我国是一个海陆兼备的国家，海疆辽阔，濒临太平洋与边缘海。根据1994年11月16日生效的《联合国海洋法公约》规定和我国政府的主张，我国在"四海一洋"所辖海域面积达300万平方千米，相当于近1/3的陆地面积。

我们应重视对海洋资源的开发与环境的保护，改变长期以来形成的"重陆轻海"的传统观念，以及"靠海吃海"、酷捕滥垦等自私落后的观念，树立新的海洋权益观、海洋经济观和海洋保护观以及爱海、护海、净海、养海的社会新风尚。

我国管辖海域的形势十分严峻，岛礁被外国非法侵占，资源遭掠夺，约 1/3 的管辖海域面临被瓜分的危险，捍卫海洋权益的任务十分艰巨。1996 年，我国政府明确规定："中华人民共和国将与海岸相向或相邻的国家，通过协商，在国际法基础上，按照公平原则划定各自海洋管辖权的界限。"我国的基本立场，一是友好协商，以协议方式妥善解决历史遗留问题；二是坚决反对别国侵占我国海洋权益的行为。21 世纪是人类的"海洋世纪"。高中地理课程开设"海洋权益"的内容是完全必要的，旨在唤起学生对"蓝色国土"的热爱，提高国民的海洋意识。

六、环境安全

环境污染是指人类在工农业生产和生活消费过程中，向自然界排放的污染物超过了环境的容纳和自净能力，使环境系统的结构与功能发生变化而引起的环境问题，如水体污染、大气污染、固体废弃物污染和噪声污染等。生态破坏是指由于人类不合理开发利用资源而引起的生态失衡或自然资源枯竭，如森林毁灭、草原退化、土地荒漠化、水土流失和生物多样性减少等。

自然资源的过度开发，工业化和城市化的加速推进，都会破坏野生物种生存繁衍的环境，进而对生物多样性造成不利影响。热带雨林正在被大规模地毁坏，年均损失约 0.6%，倘若照此速度，两个世纪内，地球上的热带雨林将损失殆尽。热带雨林的毁坏，直接导致地球生物种类大幅度减少。

碳减排就是减少二氧化碳的排放量，控制温室效应对自然界的不利影响。随着全球气候变暖，二氧化碳的排放量必须减少，以此缓解人类的气候危机。碳减排不是哪一个国家的事，必须要采取全球性的行动。

污染物跨境转移是指一个国家或地区向境外输出污染物，将本国产生的污染治理成本转嫁给他国，从而少承担或不承担环境损害和环境治理责任的社会行为。作为全球首部规范危险废料越境转移的国际公约《巴塞尔公约》遵循"共同但有区别的责任"原则，为实现国与国之间的有效合作提供了基本的制度保障。2017年7月，我国出台了《禁止洋垃圾入境 推进固体废物进口管理制度改革实施方案》，全面禁止洋垃圾入境，完善进口固体废物管理制度，加强固体废物回收利用管理，大力发展循环经济，切实改善环境质量，维护国家生态环境安全和人民群众身体健康。

挖掘地理教学资源及其内涵，加强意识形态的方向引领

张维四[①]

校园是意识形态教育的主战场，是立德树人的主阵地。习近平总书记谈道："要利用各种时机和场合，形成有利于培育和弘扬社会主义核心价值观的生活情景和社会氛围，使核心价值观的影响像空气一样无所不在、无时不有。"[1]这就要求教育工作者要随时注意把理想信念、价值理念和道德观念教育与学生日常生活紧密联系起来，在落细、落小、落实上下功夫，努力开发鲜活的教育资源，发掘其背后的教育价值，以润物无声的方式加以传播，并努力转化为学生的情感认同和行为习惯。[2]

一、讲好中国故事

学生的道路自信、理论自信、制度自信、文化自信从哪里来？可以从一个个鲜活的故事中来。

例如，高中地理课程标准在遥感教学部分要求"结合实例，了解遥感在资源普查、环境和灾害监测中的应用"。笔者选择了吉林大学归国科学家黄大年及其团队的实例，在遥感课程开篇伊始，首先展示：有一位科学家，他在2009年底放弃英国豪华别墅等优越的生活条件，投入祖国的遥感事业；还是这位科学家，在岗位上忘我工作，用短短7年的时间带领团队取得了一系列重大成果，如固定翼无人机航磁探测系统工程样机的研制成功，填补了国内无人机大面积探测的技术空白。他是谁？他所从事的遥感技术包括哪些方面？他的遥感成果对国家有哪些重大意义？先让学生带着以上问题来学习，随后介绍黄大年团队的"高精度航空重力测量技术"和"深部探测关键仪器装备研制与实验"两个重大项目攻关研究，使学生明白遥感是一种远距离探测技术。接着介绍黄大年团队的合作伙伴，一大

[①] 张维四，北京市第一五六中学地理教师。

批在海外享有较高知名度的专家，引领学生分析遥感的组成部分。在相关的介绍中不时插播黄大年教授忘我工作的身影，提高学生的学习动力。通过这样的事例学生可以了解到，在改革开放的当代中国，有一批爱国的知识分子为了祖国不计个人得失、不懈工作。这是艰苦奋斗的传统精神和开拓创新的时代精神的完美结合，也是中华民族伟大复兴的中国梦的光辉实践。

二、传好中国声音

在讲授"森林效益"一课时，教师提到了一个具有中国特色的名字"塞罕坝"——蒙汉合璧语"美丽的高岭"。塞罕坝是河北北部一个占地20 029公顷的小地方，50多年前的塞罕坝是"黄沙遮天日，飞鸟无栖树"的荒漠沙地，三代塞罕坝造林人通过50多年的不懈奋斗，使塞罕坝机械林场成为全国面积最大的集中连片的人工林林海，塞罕坝的森林每年为京津地区输送净水1.37亿立方米，相当于10个西湖的蓄水量，释放氧气55万吨，可供200万人呼吸，产生上百亿元的生态服务效益。同时，位于大风口的塞罕坝林场，把浑善达克沙地南下的黄沙死死挡在了河北最北端。种树护林成了塞罕坝人的精神追求，这为传播生态文化、加强生态与思想教育提供了样本。

塞罕坝林场的生动实践诠释了铿锵有力的中国声音："我们既要绿水青山，也要金山银山。宁要绿水青山，不要金山银山，而且绿水青山就是金山银山。我们绝不能以牺牲生态环境为代价换取经济的一时发展。"[3]

直观的教学方式呈现出造林要选用什么样的树种、在什么季节造林、森林中的人类活动要注意什么问题、影响森林资源的大型灾害有哪些等知识。而在情感态度价值观上，则传递出一种声音，那就是"现在，青春是用来奋斗的；将来，青春是用来回忆的"[4]，那就是"敢于有梦、勇于追梦、勤于圆梦"[5]。

中国声音的流传，要密切联系教学，联系当代中国国情，促进学生知识迁移。人文地理的第一部分就是有关人口的内容，环境承载力的内容就是其中的重要组成部分。环境承载力的重点是要搞清资源环境的短板是环境木桶能承载多少人口的重要指标。当学生明白了北京市环境承载力的短板是水资源，中国环境承载力的短板是土地资源之后，教师不失时机地引入习近平总书记的话"小康不小康，关键看老乡"[6]，以此来提问当代中国发展的短板是什么。进行国情、国力、国策的教育，就是要使学生明白"中国要强，农业必须强；中国要美，农村必须美；中国要富，农民必须富"[7]。这样的教学在提升学生知识迁移水平的同时，也激发了学生后续学习农业部分的热情，可谓一举多得。

三、弘扬优秀传统文化

依托文献，创设中国古人的区域生活场景，模拟古人的区域决策，讲述历史故事，提炼文化内涵，这是在地理教学中弘扬中华民族传统文化的重要方法。例如，在教授区域发展课题时，教师以春秋末期吴王阖闾破楚服越的故事为背景，提供资料，使学生明白区域发展的基本原则。

教师首先展示《吴越春秋·阖闾内传》史料，借助吴王阖闾问询伍子胥的话"吾国僻远，顾在东南之地，险阻润湿，又有江海之害；君无守御，民无所依；仓库不设，田畴不垦。为之奈何"，介绍位于长江下游吴国的基本环境特点。其次，教师请学生解译文言文资料，并在体会中国古代语言独特魅力的同时深入分析吴国发展的限制性条件是河海之滨、地形平坦、易受洪涝，季风气候区雨热同期却不稳定，旱时也能造成粮食的减产和绝收。吴国发展的关键是解决因灾害而造成的粮食产量不稳定的问题，同时解决地形平坦无天险可防御的问题。然后，教师引导学生扮演伍子胥提出治国安邦之道。教师还引用"子胥曰：'凡欲安君治民，兴霸成王，从近制远者，必先立城郭，设守备，实仓廪，治兵库。斯则其术也'"，和学生的区域决策对比品评。最后，教师依据区域发展特点，分析区域有利与不利条件，并由此提出扬长避短的国土整治开发的思想，即人们经常提到的"因地制宜"思想。而两千年前的《吴越春秋·阖闾内传》中的"夫筑城郭，立仓库，因地制宜"，正是"因地制宜"的辞源出处，体现了中华传统文化的博大精深。

传统文化融入地理课程的方法不仅局限于引据古文献上，丰富的地理实践活动也可以助力传统文化的传播。如笔者所在的北京市第一五六中学位于中心城区，北倚以北京小吃为特色的护国寺商业街，西邻西四北头条至八条元代胡同遗存历史文化保护区。凭借这样的位置优势，学生可以开展"身边的北京胡同"和"身边的北京小吃"等地理实践活动，可以漫步在胡同中体会北京冬季多北风的环境特点与胡同多东西延伸的城市街坊布局特点的关系；在寻访四合院的过程中，学生可以逐渐认识到方正、内敛、尊老等一系列中华文化精神在民居建筑上的烙印；在品尝北京传统小吃的时刻，学生可以感受到，祖国首都北京的饮食文化具有多民族、多地域融合的特点。这样的活动潜移默化地把许多中华文化的价值理念和道德观念转化为学生的感情认同和行为习惯。

四、展现发展变化

展现社会经济的发展变化，可为意识形态建设提供重要的现实依据。教师在课堂上要理论联系实际、知识联系现实、定式联系变式，融入祖国的发展变化，渗透意识形态方向，内化道路与制度自信。例如，等高线地形图教学的一个重要结论是：为了建设方便和运营安全，山区交通线往往沿等高线蜿蜒分布。当学生明白了这个结论之后，教学还不能就此止步。教师可以继续呈现一系列山区交通线景观图片，让学生判断这个结论是否完全适用于所有的山区交通线布局。当然，结论是否定的。当学生看到 2009 年建成的世界跨度最大的大桥——贵州关岭大桥、2014 年建成的世界第二高斜拉桥——贵州鸭池河大桥、2015 年建成的世界建设速度最快的 1 000 米以上悬索桥——贵州清水河大桥、2016 年建成的世界最高的大桥——贵州北盘江大桥时，就会深刻地认识到人和环境的关系。同时，从蜿蜒曲折的羊肠小道到桥隧相连的笔直坦途，学生体会到祖国日新月异的变化。这种发展变化的感受还可以借助一系列的设问加以深化。比如，筑隧修桥的高速公路与蜿蜒于等高线上的公路相比，优越性体现在哪些方面? 从区位角度分析地无三里平、人无三分银的贵州目前建设大规模的高速公路的原因,一步步引领学生认同中国特色社会主义道路优越的观点。

教师展现发展变化不能仅仅局限在课堂上,更要带领学生走到校外,走进他们居住的城镇和乡村,去体会、去理解、去感悟。例如,作为北京市的中学生,去一趟石景山的首钢,思考这个曾经是首都工人阶级最集中地区今昔变化的原因。学生就会感受到高能耗、高污染的工业企业的改造搬迁和历史车轮的运转是谁也阻挡不了的,就会理解"环境就是民生,青山就是美丽,蓝天也是幸福"[8]响亮口号背后的努力。又如去一趟南水北调的终点枢纽颐和园团城湖,思考跨流域调水从设想到现实需要克服怎样的困难、可以得到怎样的效益,学生就能够感受到习近平总书记所说"人民对美好生活的向往,就是我们的奋斗目标"[9]的言之凿凿。

综上所述,处于先导性地位的基础教育是立德树人的事业,旗帜鲜明地加强意识形态方向引领,在不同的学科领域渗透理想信念、价值理念和道德观念的教育,是教育工作者的责任所在。地理课程首先要在明确目标的基础上通过中国故事、中国声音、传统文化和发展变化等,开发鲜活的地理教学资源并深入挖掘其背后的育人价值,通过课上与课下有序的组织、引领以及巧妙安排,使学生真正成长为热爱祖国、热爱人民的未来建设者。

参考文献:

[1] 习近平.把培育和弘扬社会主义核心价值观作为凝魂聚气强基固本的基础工程[N].人民日报,2014-02-26.

[2] 宗美芳.在落细、落小、落实上下功夫 践行社会主义核心价值观[J].中国农村教育,2015(9):45-46.

[3][5][9] 中共中央宣传部.习近平总书记系列重要讲话读本(2016年版)[M].北京:学习出版社,2016:230,9,212.

[4] 习近平.习近平在同各界优秀青年代表座谈时的讲话[N].人民日报,2013-05-05.

［6］中央农村工作领导小组办公室.小康不小康 关键看老乡［M］.北京：人民出版社，2013.

［7］本报评论员.中国要强，农业必须强［N］.人民日报（海外版），2017-12-19.

［8］习近平.环境就是民生，青山就是美丽，蓝天也是幸福［N］.人民日报，2015-03-07.

2019版普通高中地理教材（湘教版）的理念与变化

朱　翔[①]　　胡茂永[②]

依据教育部颁布的《普通高中地理课程标准（2017年版）》，在充分借鉴国际与国内课程改革优秀成果的基础上，湖南教育出版社对原出版的普通高中地理实验教科书进行了全面修订，编写出新版《普通高中教科书·地理》。此套教科书已于2019年通过教育部审查并投放实验省份使用。

一、教材修订目标

地理学是研究地理环境以及人类活动与地理环境关系的学科，具有综合性和区域性等特点。普通高中地理课程与义务教育阶段地理课程紧密衔接，旨在帮助学生认识人地关系、掌握地理学习和研究的方法，弘扬科学精神和人文精神，培养学生的创新精神和实践能力，关注地方、国家和全球的地理问题，使学生具有家国情怀和世界眼光、树立可持续发展观念。在教材编写中，我们坚持结合真实情境、反映地理学的本质、体现地理学的基本思想和方法，着力培养学生的人地协调观、综合思维、区域认知、地理实践力四大地理学科核心素养。

一是使学生能够正确看待地理环境与人类活动的相互影响，认同人地协调对可持续发展的重要意义。教材归纳人类面临的主要环境问题，使学生深入理解人地关系的演变和可持续发展的内涵，明确地区存在的环境与发展问题以及综合治理措施；增强学生保护资源与环境的意识，形成尊重自然、和谐发展的态度，树立人与自然是生命共同体的观念。

二是全面对标普通高中地理课程标准。重点落实人地协调观、区域认知、综合思维、地理实践力四大核心素养，在育人理念、内容选择、体系

[①] 朱翔，湖南师范大学资源与环境科学学院教授，湘教版高中地理教材主编。

[②] 胡茂永，湖南教育出版社副编审，湘教版高中地理教材副主编。

编排、呈现方式等方面下功夫，构建更高水平的教材体系；侧重提高教材的思想性、科学性、时代性、系统性、适宜性和可操作性。

三是从多维的角度对地理现象进行分析，使学生认识、把握各要素之间的联系和作用。从空间和区域视角认识地理现象，运用综合分析、区域比较、区域关联等方法认识区域地理。通过探究有关自然、人文地理的问题，了解地理信息技术的运用，为此，教材着重介绍了地理信息系统（GIS）、遥感（RS）、全球卫星导航系统（GNSS）、数字化生存等内容。

四是以解决地理教育中存在的问题为导向，使教材在结构、内容、评价等方面均有所改进和创新。课程内容创新主要集中在海洋地理、国家安全、国家重大战略、区域协调发展、地理信息技术、绿色发展等方面，重点阐述资源、环境对国家安全的重要意义，增强学生保护资源与环境、维护国家安全的意识。

五是对应地理学科核心素养所要求的学业质量标准，教材内容从易到难，循序渐进。教材内容和活动与地理学科核心素养的四个水平等级相对应，自然地理、人文地理、区域地理都贯穿了不同的学习主线，各大板块内容相互衔接和匹配。

六是体现国家意志。本教材系统介绍了国家四大地区（东部、中部、西部、东北）、三大战略以及粤港澳大湾区、雄安新区、国家主体功能区的基本情况，大幅度增加了海洋地理、自然灾害防治、能源安全、耕地安全等内容，将生态环境保护提升到新的高度。

二、教材修订的基本理念与原则

（一）教材修订理念

第一，培养现代公民必备的地理学科核心素养。教材修订贯彻落实立德树人根本任务，着力提升学生的地理学科核心素养，使学生具备家国情怀和世界眼光，形成关注地方、国家和全球的地理问题及可持续发展问题的意识。

第二，构建以地理学科核心素养为主导的地理教材。教材修订围绕地理核心素养的培养要求，构建科学合理、功能互补的内容体系，坚持基础性、多样性、选择性并重，满足不同学生发展的需要，精选紧扣地理学科核心素养的课程内容。

第三，以人地协调、可持续发展为主线。教材修订中树立和践行"绿水青山就是金山银山"的理念，坚持节约资源和保护环境的基本国策，体现人与自然和谐共生的现代化理念。

第四，结合我国国情特色，贯彻党中央相关精神。比如，教材着力倡导解决好我国经济发展不平衡不充分问题，发展更高层次的开放型经济，以"一带一路"建设为重点，形成陆海内外联动、东西双向互济的开放格局。

第五，强化国家安全意识。教材提供了有效维护国家安全，包括国防安全、粮食安全、耕地安全、能源安全等翔实的案例，倡导走和平发展道路，推动构建人类命运共同体。

第六，强化创新意识。在教材修订中体现创新意识，渗透建设创新型国家，包括科技强国、质量强国、航天强国、网络强国、交通强国和数字中国、智慧社会等的理念。

第七，创新培育地理学科核心素养的学习方式。科学设计地理教材，引导学生通过自主、合作、探究等学习方式，开展丰富多样的地理学习和实践，营造直观、实时、生动的地理教学情境。

（二）教材修订原则

1. 思想性

坚持辩证唯物主义和历史唯物主义，加强中国特色社会主义教育，充分贯彻习近平新时代中国特色社会主义思想，落实社会主义核心价值观的基本内容和要求，融入国家安全意识、民族团结、海洋意识、生态文明等教育内容，充分体现中国特色，引导学生形成正确的世界观、人生观和价值观。

2. 时代性

反映先进的地理教育思想和理念，关注信息化环境下的地理课堂教学改革，关注学生个性化、多样化的学习和发展要求，着力发展学生的地理学科核心素养。根据社会经济发展新变化、科学技术进步新成果，及时更新教材内容和话语体系，反映新时代中国特色社会主义理论和建设新成就。

3. 基础性

依据地理学科核心素养，精选学生终身发展必备的基础知识和基本技能，夯实学生成长的基础。根据地理学科的特点，引导学生通过自主、合作、探究等学习方式，在自然、社会等真实情境中开展丰富多彩的地理实践活动。

4. 选择性

教材提供了多样化的案例和真实情境，在保证每个学生达到共同基本要求的前提下，充分考虑不同学生的发展需求，提供不同的学习情境，为学生的选择性学习提供可能。

5. 关联性

地理学下分自然地理学、人文地理学、区域地理学等，随着时代和科技的发展，地理学不断形成新的知识领域和分支学科。在教材修订过程中，充分注重了地理学科与其他学科的融合发展。

三、教材的内容结构及编排体例

考虑到高中地理课程的基础性，本套教材采用自然地理、人文地理和区域地理三位一体的基本框架，同时融入国家安全、海洋意识、地理信息技术等内容。必修课程注重选择学生终身发展必备的基础知识和基本技能，以满足全体学生学习地理的基本需求。选择性必修课程是在必修课程基础上的加深和拓展，以满足部分学生升学考试或就业的需要。必修教材包括两册，即地理必修第一册（侧重自然地理）和地理必修第二册（侧重人文地理）。选择性必修教材包括三册，即自然地理基础，区域发展，资源、环境与国家安全（见表1）。

本次教材修订，在保持原教材编写体例的基础上，进行了大胆创新和

表 1　湘教版高中地理教材框架结构

高中地理必修系列	必修第一册	包括导入和五章内容。导入为走进地理学。五章内容分别是：宇宙中的地球、地球的表面形态、地球上的大气、地球上的水、地球上的植被与土壤。教材旨在帮助学生了解基本的地球科学知识，理解一些自然地理现象的过程，增强学生对生活中的自然地理现象进行观察、识别、描述、解释、欣赏的意识与能力
	必修第二册	包括五章内容：人口与地理环境、城镇和乡村、产业区位选择、区域发展战略、人地关系与可持续发展。教材旨在帮助学生了解基本社会人口、经济活动的空间特点，树立正确的人地观，培育人类共同发展的理念
高中地理选择性必修系列	自然地理基础	包括五章内容：地球的运动、岩石圈与地表形态、大气的运动、陆地水与洋流、自然地理环境的整体性与差异性。教材以自然地理环境系统与要素及其发展演变过程对人类活动的影响为主干，关注自然地理要素的特征与演变，以及自然地理环境的整体性和差异性，突出培育学生的区域认知、综合思维和地理实践力
	区域发展	包括三章内容：区域与区域发展差异、区域发展、区域合作。教材以区域可持续发展为主干，关注不同区域背景下区域创新发展和转型发展的原因、过程和方向，旨在帮助学生了解区域特点及其发展路径，树立因地制宜、人地和谐的区域发展观
	资源、环境与国家安全	包括三章内容：资源、环境与人类活动，自然资源与国家安全，生态环境保护与国家安全。教材以资源、环境与国家安全的关系为线索组织教学内容，落脚到资源、环境安全，旨在帮助学生了解资源、环境与国家安全的关系，增强保护资源与环境、维护国家安全的意识

优化提升，主要表现在以下几个方面。

第一，按照"章—节—目"顺序编写。在每一章的章首语中，编者用优美流畅的语言阐明本章所要讲述的主要内容，激发学生的好奇心和兴趣。每一节都是按照课程标准内容的某一项或者其中相关联内容进行整合设置而成的。每一节内容又分为目，主要由"探究""正文""阅读""活动"以及教师、学生对话组成。

第二，创新性地在每节开始前设置"探究"导入。每节的探究都是与该节内容密切相关的真实情境，为教师开展"问题教学"提供必要的素材，让学生了解自己解决这个实际问题需要掌握和理解哪些基本知识、基本技能，以及在解决这个问题过程中所需要的情感态度价值观；在教材正文后提供真实情境的活动，体现学生所习得的核心素养。这也是地理学科核心素养所要求的思维方式和培养模式。

第三，创新性地引入三个人物（一位教师和两个学生）。教材人物的引入有助于为学生营造合作学习、探究学习的氛围，增加教材与学生之间的互动和交流，体现教材的温度。三个人物所说的话，皆说在当说处，言师生难以言，发师生之心声，力争达到《道德经》中所说的"浊而静之徐清，安以动之徐生"的境界。

第四，渗透了地理教学方法和学习方法。教材的整体架构体现了学生核心素养的培养模式和途径，也体现了教师的教学方法和学生的学习方法。另外，教材在体现地理实践力方面，设置了多样化的野外活动，或者利用现代信息技术模拟真实的情境，提供详细的操作步骤，让学生可以无障碍地阅读和操作，实现自主学习。

第五，强化过程性评价。教材通过三个人物的对话突出关注学生的思维结构评价和表现性评价。在教材活动设计上，关注学生对所学内容的反思和查漏补缺，避免学生在学习过程中只关注孤立的"知识点"或"单一"的结论，重点要求学生完整地认识地理问题和地理过程，便于教师强化过程性评价。

总之，本次教材修订，对普通高中地理课程的基本理念、目标与结构、设计依据、评价体系都进行了创新。教材修订遵循《普通高中地理课程标准（2017年版）》确立的基本理念和目标要求，通过选取体现时代发展、科技进步和符合学生生活经验的素材，以地理学科核心素养为引领，强化立德树人功能；以学生认知规律为路径，优化教材体系架构；以学生能力培养为重点，创新教材呈现方式；以地理信息技术为支撑，提升学生的地理认知水平。

高中地理教材如何适应新时代
——2019版普通高中地理（鲁教版）教材特点分析

王 建[①]

一、新时代的新要求与教材编写新思路

社会进入新时代，给教育教学提出了新任务，对教材编写提出了新要求。对普通高中地理教育而言，科学发展和转型发展对地理学科提出了"人地和谐与可持续发展观树立"的新要求；[1][2]"创新、协调、绿色、开放、共享"的新发展理念，要求培养学生的创新能力、实践能力、全球视野和社会责任感；[3][4]地球系统科学的发展，对地理学科研究和教学提出了"加强系统性和地表环境整体性"的新要求。[5][6][7][8]高等教育大众化和普及化，要求发展适合的教育，促进学生的个性化发展和全面发展。《普通高中地理课程标准（2017年版）》则提出了立德树人、发展素质教育、培养创新和实践能力的新要求。[9]2019版普通高中地理（鲁教版）教材（以下简称"新教材"）在修订过程中，紧扣党和国家教育方针，落实立德树人根本任务，从学科本质和育人规律出发，对以上新要求做出了及时回应（图1）。

新教材的编写思路是：对接新时代社会需求，适应学科发展新趋势，满足学生发展新期待，把人地协调观、综合思维、区域认知和地理实践力的培养贯穿于整套教材，把家国情怀、全球视野、社会责任感的培养有机渗透进教材或者教学的相关环节。

---

① 王建，江苏第二师范学院院长，南京师范大学博士生导师，鲁教版高中地理教材总主编。

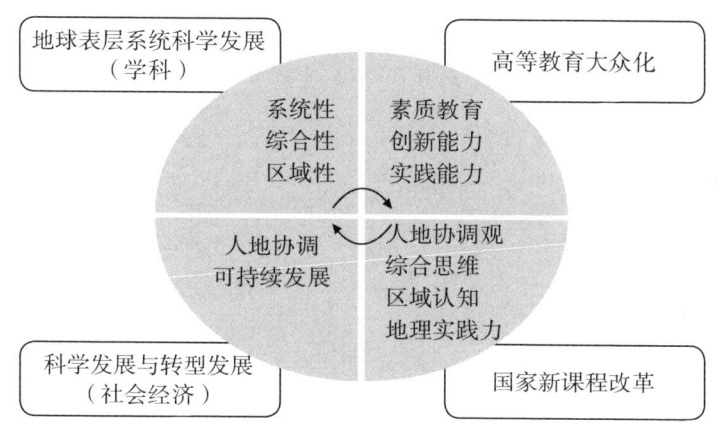

图1 满足社会和学科发展新要求的地理教材维度

二、新教材的特点

1. "强"：强化核心素养的培育

强化核心素养的培育即强化人地协调观、综合思维、区域认知和地理实践力的培养。新教材通过引导学生从要素相互联系、圈层相互作用和人地相互影响的角度去认识和分析地表环境的形成与变化，提高学生的地理综合思维。比如：必修1从母质、气候、生物、地形和时间等多要素相互作用的角度阐述土壤的形成；选修2对沙漠化成因的综合探究，珠江三角洲地区农业变迁的原因分析等，涉及要素综合、地方综合及时空综合等多个方面。新教材还通过引导学生从有机与无机相互作用、人地相互影响的角度认识与分析生命发展演化过程、自然灾害成因、社会发展机遇与困境等，如必修1的"从人地作用看自然灾害"、必修2的"走可持续发展之路"、选修1的"人类活动与地表形态"、选修2的"区域协调发展"、选修3的"践行绿色发展"等。此外，新教材还通过地理户外考察（如山丘自然地理考察、澜沧江河流地貌考察、土壤剖面观察等）、社会调查（如商业一条街的调查、土地使用调查等）、实验（如土壤、海水等实验等）、体验（如土壤湿度、海水味道、阳台温室效应等）、识别（如地貌类型、植被类型等）、判读（如遥感影像、地形图等）、模拟实验（如地球运动、月食成因等）与演习（如地震逃生演习等）等，激发学生学习地理的兴趣，培养学生利用地理知识解决实际问题的能力。

2. "富"：案例丰富、资料丰富、情境丰富、体验丰富

新教材提供了大量的地理素材、活动案例，注重生活中实际地理情境的引入，为学生带来丰富、生动的地理体验。这些案例、素材，既有国际的（如科罗拉多大峡谷、湄公河、欧洲人口分布、巴西利亚、波哥大、吉隆坡等），又有国内的（如长江流域、东部季风区、东北、黄土高原、上海、北京等）；既有全球的（如地震带、自然灾害、人口流动等）、全国的（如地震带、自然灾害分布、胡焕庸线等），又有区域的（如桂林山水、澜沧江河流地貌、成都平原等）和局地的；既有室内的（如阳台体验、温差测量等），又有室外的（如考察、调查、观察等）；既有古代的（如地动仪、都江堰、复活节岛等），又有现代的（如量子卫星、500米口径射电望远镜、长江经济带、"一带一路"倡议等），内容涉及面广，主题包罗万象。

3. "美"：教材版式精美，呈现情景美、结构美

情景美，主要表现为教材通过精美的图片再现了自然景物的神奇与美丽。如教材中桂林山水以及亚马孙河口的照片充分彰显了自然景观的美妙与壮观。结构美，主要表现为教材在体例结构上独具匠心的设计。如必修1的四个单元分别是"从宇宙看地球""从地球圈层看地表环境""从圈层作用看地貌与土壤"和"从人地作用看自然灾害"，体现了从大到小、由远到近的逻辑递进的美。再如，必修1第三单元的前三节分别为"走近桂林山水""走进敦煌风成地貌的世界""探秘澜沧江—湄公河流域的河流地貌"，均给学生以无限美感，更体现了贴近自然、贴近生活的理念。

4. "高"：立意高

新教材从圈层和圈层相互作用的角度阐述地表环境的组成、结构和变化原因，体现了学科立意高。从人地协调和可持续发展的角度阐述自然灾害的成因和防避，提倡绿色发展的理念，体现了社会立意高。比如：必修1第四单元第二节"自然灾害的防避"、选修2第二单元第一节"从人地关系分析黄土高原环境问题"和第三单元第三节"华北的缺水及南水北调后

的生态影响"等，体现了尊重自然、与自然和谐相处的人地协调观等。用现代地理学原理解释中华优秀传统文化案例的原理或者机制，如"都江堰水利枢纽为何还在发挥作用""二十四节气与地球运动的关系""日晷怎么计时"等内容，体现了文化立意高。同时，教材还选择和利用我国在宇宙空间探索和利用方面取得的巨大成就，激发学生的爱国热情，彰显出政治立意高。

5．"新"：材料新、案例新

新教材及时反映并介绍了国内外最新科技成果，如500米口径射电望远镜（FAST）、世界首颗量子通信卫星、北斗导航、火星生命的探索新成果——甲烷迷雾、寒武纪生命大爆发等内容。教材也使用了一些新案例，如"一带一路"倡议、长江经济带发展战略、中国新型城镇化、海洋权益与海洋发展战略、现代服务业区位选择、库布齐沙漠治理模式、海绵城市建设等，这些案例都是近些年的热点话题或实践成果。

6．"用"：立足生活、突出应用，强调其实用性

新教材关注地理学与生活的联系，强调地理学知识在实际生活中的应用，如判别地理方向、识别植被类型、欣赏地貌景观、学习防灾避灾措施、应对高山反应、体验温室效应、利用地理信息技术寻找合适的租赁房等。再如，学会自然地理野外考察、应用地理信息技术、学用专题地图、分析判断气候类型、开展小区域调查、践行绿色发展观、参与环境保护等。这些内容均来自生活，服务于生活，不仅可以激发学生学习地理的兴趣，而且可以提高学生利用地理学解决实际问题的能力。

三、新教材的基本框架与编写体例

1．各个板块的关系

必修教材两册（必修1和必修2），是为了满足所有高中学生基本地理素养的培育而设立的，因此强调基础性、趣味性和实用性，定位于"源于生活、为了生活"。选择性必修教材三册（选修1《自然地理基础》、选修2《区域发展》、选修3《资源、环境与国家安全》），是为了满足学生进

一步学习地理、提高地理素养而设立的，因此强调递进性、延伸性，定位于"品位提升、素养提高"。

今后准备编写的选修教材（含七个方面的内容），是为了满足对地理相关内容特别感兴趣的学生进行一些地理科学知识拓展和地理探究而设立的，因此强调拓展性、探究性，定位于"科学探究、职业能力提升"。

2. 教材与单元结构

每册教材一般有16节左右的内容，其中必修1和必修2每册四个单元，每个单元一般都是"3+1"结构，即3节内容加1个"单元活动"。

此外，为了使内容之间的衔接顺畅，降低教材使用的难度，一些课程标准虽没有提出明确要求但是对于理解课程标准内容不可或缺或有重要作用的内容，则以"知识窗"的形式呈现。

选修3《资源、环境与国家安全》是这次全面修订中增加的新模块。本模块旨在帮助学生理解自然资源、生态环境与国家安全的关系，增强学生保护自然资源和生态环境、维护国家安全的意识。尽管该模块主要包括三部分内容，即自然资源的开发利用，生态环境的保护，资源、环境对国家安全的重要意义，但是如果分为三部分来写，则可能导致前后内容交叉和重复，乃至三部分内容相对隔离。因此，编写组进行了大胆尝试，改变了其他模块通用的四个单元的结构模式，改用两个单元的结构体系，即"第一单元 自然资源与国家安全"和"第二单元 生态环境与国家安全"，着重从国家安全的角度去阐述自然资源利用和生态环境保护，既避免了内容交叉重复，又使内容不至于相互隔离。

3. 编写体例和模式

新教材的每一节都坚持"五个一"的编写体例和模式，即"设置一些情境，引发一些问题，提供一些信息，安排一些活动，获得一些启示"（图2）。

新教材从生活和生产中可能遇到的情境及问题出发，激发学生学习地理的兴趣；通过提供一些资料和信息启发学生思考，安排一些活动鼓励学生探究，最终通过思考、分析获得一些感悟和认识。实际上，这样的编排

```
    设置              引发
   一些情境          一些问题


    获得              提供
   一些启示          一些信息


           安排
          一些活动
```

图 2　编写模式（体例）

方式是以"问题—探究—认识"为主线的归纳式的编写体例和模式，相对于"理论（概念）—举例说明"的演绎式编写体例和模式来说，更容易激发学生学习和探究的兴趣，更适合中学生的认知水平和生理发展特点。

参考文献：

［1］［5］宋长青.新时代地理学发展的新机遇［J］.地理学报，2018，73（7）：1204-1213.

［2］［6］傅伯杰.新时代自然地理学发展的思考［J］.地理科学进展，2018（1）：1-7.

［3］王建，等.论二十一世纪的地理学［M］//仇奔波主编.中国基础教育学科年鉴（地理卷2009）.北京：北京师范大学出版社，2011：1-8.

［4］李吉均.学好地理 助力中华民族伟大复兴——院士寄语［M］//王建主编.普通高中教科书《地理》（必修一）.济南：山东教育出版社，2019.

［7］郑度.学科融合提升地理学综合研究水平［J］.经济地理，2018（8）：1-4.

［8］王建.现代自然地理学（第二版）［M］.北京：高等教育出版社，2010.

［9］中华人民共和国教育部.普通高中地理课程标准（2017年版）［S］.北京：人民教育出版社，2018.

新中图版普通高中地理"课题"研究的特点与实施建议

徐海龙[①]

中国地图出版社出版的新版（以下简称"新中图版"）普通高中地理教材有一个鲜明特色——每一单元开篇设计了一个"课题"。这些"课题"有别于学术研究的课题，是编者在研究课程标准中各个模块的内容要求、教学提示和学业要求，并联系学生生活实际的基础上，经过仔细揣摩和整理后设计的。[1]从本质上看，这些"课题"将单元核心知识、原理进行了问题化呈现，旨在引导学生以问题为导向，带着问题进行课程学习，在学习中解决问题，以习得地理学科核心素养。本文将以新中图版普通高中地理必修两册教材为例，分析每一单元开篇的"课题"栏目所体现的特色，并尝试提出可供借鉴的教学实施建议。

一、"课题"栏目的概况

新中图版普通高中地理教材中的"课题"共有9个（必修一4个、必修二5个），均设置在每章的章首，包括课题目标、课题准备、课题进度、总结4个方面。"课题"是贯穿全章的探索活动，"课题"研究的主题与所在单元内容契合，在章下面的各节后设置有"检查进度"栏目与其呼应。因此，可以说"课题"是章节内容的纲领或者主线，串联了章节的内容，主导着章节教学推进的节奏。每个"课题"都是一个相对完整的研究过程，学生可以在其引导下进行探究学习。

"课题"研究取材广泛，研究问题涉及天文探索、环境认知、区域研究、产业分析、灾害防控等，是培育学生地理学科核心素养的好抓手。由于涉及的单元内容不同，研究主题、方法不同，"课题"研究的核心素养指向也各有偏重。笔者将这些"课题"依据主题方向、内容特点，划分为

[①] 徐海龙，江苏省南菁高级中学党政办主任，中学高级教师。

侧重知识原理分析的探究型课题、侧重实验实践的操作型课题、侧重掌握地理基本研究方法的技能型课题、侧重应用地理知识原理研究问题解决的实用型课题（表1）。

表1 新中图版普通高中地理必修两册教材"课题"分类一览表

单元	课题名称	类型	核心素养主要指向
必修一第一章	制作太阳系等比例模型	操作型	地理实践力
必修一第二章	认识自然地理要素及现象的联系	探究型	综合思维、人地协调观
必修一第三章	制订家庭避灾、防灾的方案	实用型	地理实践力
必修一第四章	如何观察自然地理要素及现象	技能型	区域认知、地理实践力
必修二第一章	调查自己家族人口的分布、迁移	技能型	区域认知、综合思维
必修二第二章	读地图和照片研究城镇变化	技能型	区域认知、综合思维
必修二第三章	分析比较影响生产活动布局的区位因素	探究型	区域认知、综合思维
必修二第四章	了解中国海洋的开发和保护	实用型	区域认知、人地协调观
必修二第五章	环境保护与"我"	操作型	人地协调观

二、"课题"栏目的特色体现

（一）整体性

整体性是地理学的基本特点，在自然地理、人文地理、区域地理中无不体现。一般教材以章节的方式呈现教学内容，传统课堂一两节课完成一节教学内容，很容易造成学习知识碎片化，致使学生无法真正理解地理原理。"课题"以章为研究对象，以"课题目标"呈现章学习的方向；以"课题准备"指导学生为学习开展做好准备；以"检查进度"引导学生通过章的学习，分步骤运用所学知识和原理解答相关"子课题"，将所学习的内容连成一个体系并纳入自己已有的知识结构；以"总结"结束章的学习并在总结中研讨、反思以深化学习认知。"课题"的研究对教学的开展具有纲举目张的指导意义。

（二）育人性

普通高中地理教学的育人价值在于通过地理知识、原理的学习和应用培育核心素养，实现立德树人。"课题"所涉及的研究主题以及为研究服务的章节内容学习都立足于核心素养的培育——强调立足实践调查、实验，收集与课题相关的研究资料，分析问题，形成解决方案，在认识人与环境的关系、解决人与环境的问题中强化人地协调观，形成适应个人终身发展和社会发展需要的必备品格和关键能力，培养家国情怀，塑造可持续发展观。例如，"了解中国海洋的开发和保护""环境保护与'我'"等都在引导学生关注环境、资源与发展问题，积极承担未来公民应具备的环保使命，树立正确的环境观、资源观和可持续发展观。

（三）实践性

地理实践力是地理学科四大核心素养之一，"课题"研究是落实地理实践力培养的平台。9个"课题"，从本质上看就是9个地理实践力培养方案。"课题"立足不同的地理情境，要求学生通过课题准备明确研究方向，通过材料收集、考察调研、数据分析、模拟实验、团队协作等进行实践研究，完成时还要进行总结汇报、交流反思乃至成果展示或成果分享、推广应用。"课题"研究有利于提升学生地理信息的收集和处理能力，地理活动方案的设计和实施能力，考察、调查、实验等操作实践能力，成果表述、呈现的表现力以及团队协作力、个人领导力。如"制订家庭避灾、防灾的方案"的研究，学生不仅要学习制订方案，而且要进行成果宣讲，完成推广应用。

（四）探究性

探究学习是由浅入深、由现象到本质认识复杂地理现象、解读复杂地理原理的有效学习方式。"课题"的设置就是要引导学生进行探究学习，在收集基础素材、观察地理现象的基础上发现问题，在调查研究、分析数据、模拟实验等的基础上形成解释，在个人思考和小组合作学习的基础上形成问题解决方案，在论证、完善成果的基础上进行迁移应用。"课题准备"一般提供了探究学习的思路，"检查进度"则对探究过程加以规划指导。"课题"研究的过程也是学生探究学习的过程。如"认识自然地理要素及现象的联系"的研究，学生可在认识主要自然地理要素及特征的基础上，以所处区域为研究对象，通过实地调研、模拟实验等，识别地貌，分析大气、土壤，研究人类对水循环的影响，研究区域气候对植被的影响，从而理解区域自然地理环境组成要素的个体特征与相互关联，理解自然地理环境的发展演化。"课题"研究的成果还可推广运用于不同地域的自然地理要素认知和地理现象解释。

（五）开放性

创新是研究的生命。9个"课题"所研究的问题都具有一定的开放性，有助于培养学生的创新思维。"课题"的开放性首先表现在"课题"本身是结构不良问题，研究的问题解答具有开放性，可以有多种解决方法或途径，如在"认识自然地理要素及现象的联系"的研究中，可以通过设计热力环流实验来认识大气。有些"课题"没有绝对统一的解决方案，如"制订家庭避灾、防灾方案"，"课题"的成果肯定具有地域差异和学生个体差异。"课题"所研究的问题虽然隶属于（有的甚至统领了）章的知识，但所涉及的概念、原理等可能超出学生所学。有些问题还可能是跨领域、跨学科的。如在"了解中国海洋的开发与保护"的研究中，需要查找渤海在京津冀协同发展背景下存在的问题与进一步开发的途径。在这些"课题"的研究过程中及总结环节，一般都需要学生陈述自己的研究成果、表达观点，这有助于学生形成探索品格和创新精神。

三、"课题"研究的实施建议

新中图版普通高中地理教材中的"课题"研究，从本质上看是紧扣地理知识学习、原理理解的地理问题教学；是带着问题进行学习，在学习中解决问题又发现新问题，通过深入学习以解决新问题的探究学习。"课题"立意高远，"课题"内容提纲挈领，"课题"研究高屋建瓴，要求广大师生务实高效地开展相关研究其实是一个很大的挑战。笔者就具体实施提出以下建议。

（一）严格执行研究规范，塑造科学精神

规范的"课题"研究流程一般有确定选题、研究准备（包括材料准备、方法选择、方案设计等）、资料收集、整理归纳、成果呈现、论证反

思、总结汇报或论文答辩等环节。新中图版普通高中地理教材中的"课题"已由教材直接提供。围绕如何进行既定"课题"的研究工作，教师应该在单元学习之前系统介绍所要研究"课题"的选题依据，凸显"课题"研究的意义，在学生的认知基础上指导学生做好研究的准备工作。在每章教学开始的时候，可以"课题"开题论证的方式明确研究的方向和重点，指导学生厘清研究主线、把准研究"子课题"、锁定研究问题，使学生参与"课题"研究能够有的放矢。

在教学过程中，要结合"检查进度"，跟踪学生的研究状况，论证学生的研究方向和着力点，确保研究扎实推进。在章内容学习结束时，组织学生开展课题研究成果汇报会，交流研究心得，反思与改进研究举措。通过规范"课题"研究，指导学生掌握"课题"研究的一般方法，塑造学生的科学研究精神，这有利于学生的终身发展。

（二）紧扣核心素养培育，落实立德树人

教师在组织实施"课题"研究时，要充分关注核心素养的培育，将地理学科核心素养作为"课题"研究的出发点和落脚点，落实立德树人的要求。在"课题"研究中不仅要明确知识与技能、过程与方法以及情感态度与价值观的学习目标，同时还要体现核心素养培育的要求。例如，在"分析比较影响生产活动布局的区位因素"的课题研究中，学生要能通过区域农业、区域工业和区域服务业实例，分析影响这些生产活动的多种区位因素，培养区域认知和综合思维能力；还要能够分析它们对周边地理环境产生的不同影响，思考如何使它们合理持续发展，树立正确的人地协调观；在"课题"研究总结环节，要整理成综合、全面的案例并向全班展示研究成果，从而提升地理实践力。

与此同时，在具体教学研究中，教师还应当充分利用核心素养统领教学的实施过程。例如，"读地图和照片研究城镇变化"这一课题，可以从综合思维的角度来建构分析思路。地图、照片呈现城镇变化的现象是城镇化在时间尺度和空间尺度上的直观显现，其本质是人口向城镇集聚，是城乡经济发展不平衡主导的人口迁移。而影响城镇变化的因素又是多样的、

变化的，历史基础、政策、区域经济发展、人们的价值观念等在一定的时空条件下，都会对城镇形态的变化产生综合影响。在城镇的变化过程中，人们的生产方式、生活方式、聚落形态、价值观念又会不断发展变化。依据地图、照片研究城镇的变化，有利于学生从区域整体的角度，全面、系统、动态地分析和认识城镇化，从而深入理解城镇化与人类活动的关系。

（三）注重探究分析问题，提升实践能力

"课题"研究的都是复杂、真实的问题，需要教师指导学生进行积极主动的探究学习和分析。问题的探究可以参照探究学习的一般流程开展：情境研究→明确问题→数据分析→建立假设→收集佐证→形成方案→交流研讨→检验假设→迁移应用。如在"制作太阳系等比例模型"的研究中，学生要系统学习太阳系相关知识，明确模型制作的注意要点；通过查阅资料，掌握八大行星与太阳的实际距离、公转相关参数等；结合课题的要求，以国家体育场代表太阳，按行星距离、轨道倾角等进行等比例计算，构建虚拟的空间模型；在中国行政区平面图的空间范围内，用铁丝、小球等材料，等比例构建立体空间模型，标出"太阳"和"八大行星"；通过立体模型制作，总结制作地理模型和运用模型进行学习研究的一般方法；在个人思考和小组合作探究的基础上形成可迁移应用的实践经验。

"课题"研究还可以从地理实践力的角度来建构分析思路。以"了解中国海洋的开发和保护"的"子课题"——"查找资料，进一步了解我国南海开发与保护的案例"为例，可以首先研究教材提供的南海开发与保护案例，为相关资料的搜集、整理提供参考；其次从时间、空间两个维度入手，对南海地区的开发历程进行系统研究，侧重分析历史各阶段我国开发与保护南海的案例；然后对系统分析的结论进行归纳整理，通过合作探究总结出我国开发与保护南海的经验和教训；最后对现阶段我国在南海的开发与保护进行评估、研讨。通过调研我国南海开发与保护面临的现实问题，形成解决方案，增强保护海洋环境和保护海洋权益的使命感。

（四）依托地理信息技术，拓展研究外延

《普通高中地理课程标准（2017年版）》明确要通过探究有关自然地

理、人文地理问题，了解地理信息技术的应用；要"充分利用地理信息技术，营造直观、实时、生动的地理教学环境"。地理信息技术可以丰富课题研究资源，畅通研究路径，促使快捷高效开展课题研究。在9个"课题"研究中，"如何观察自然地理要素及现象""读地图和照片研究城镇变化""了解中国海洋的开发和保护"等3个"课题"明确指出要应用地理信息技术，研究并解决相关问题。此处以"如何观察自然地理要素及现象"的"子课题"——"四川九寨沟地震前后遥感影像的比较研究"为例。地震救灾中，遥感技术可发挥其宏观、全局观测的优势，快速精确地获取空间数据；地理信息系统则可以对受灾情况进行分析评估，对地震引发的次生灾害进行模拟、推演乃至预警；全球定位系统或我国的北斗系统可以辅助精确救援。教学中可以补充地理信息技术在九寨沟地震救灾和灾后重建中的作用案例加以研究。教师还可以组织学生重构或深化"课题"研究，通过优化研究的任务，补充、改编资料，挖掘"课题"的内涵，拓展"课题"的外延，使"课题"研究更契合本地区、本校和具体学生的实际情况。又如，在"调查自己家族人口的分布、迁移"的研究中，可指导学生运用地理信息系统绘制家族人口分布、迁移示意图。

（五）鼓励多种方式表达，促进团队协作

"课题"的开放性决定了研究手段的多样性。研究手段可以是搜集整理资料、学习文本知识、实施操作实验、设计制作模型等。研究内容的开放、研究手段的多样决定了研究成果的表达方式也是多样的。例如，对"认识自然地理要素及现象的联系"的研究，涉及搜集地貌、大气组成与垂直分层、人类活动影响水循环、海水性质和运动、土壤、气候影响植被等众多资料，资料可以图文声像等不同的形式呈现；要求设计热力环流实验，实验的器材不同，实验的现象和结果可能也不同，涉及透过现象对地理原理进行科学表达。这样的研究参与性高、自主性强，可以让学生体验到学习研究的乐趣，激发学习的主动性。多样化的成果表达还有助于学生深化认知，形成高阶思维。

每个"课题"的研究都是一个小组合作探究的过程，在最后都设有

"总结"环节。这样的小组合作探究有利于提高团队凝聚力，提升学生设计和实施地理实践活动方案的能力。例如，在"制作太阳系等比例模型"的研究中，学生通过小组合作查询行星距离、轨道倾角等基本数据，可提高研究效率；合作探究选定中国行政区划图上代表八大行星的城市，携手研究制作立体模型时行星轨道倾角的表示形式等，可以让学生制作模型的过程更加科学，呈现的模型作品更趋完美。在展示模型、陈述制作依据的过程中，小组成员互相论证、点评，可使成果的表达语言更科学精准。团队协作不仅打开了学生的问题解决思路，提升了学生的问题解决能力，还历练了学生的意志品质，提升了学生的活动组织实施领导力。

（六）建构多元评价体系，激发主动研究

在评价的方式上，过程性评价与结果性评价同等重要已是当今教育界的共识。"课题"在指导具体研究时也是根据教学内容推进的，通过"检查进度"加强对学生研究的过程性评价，通过"总结"对"课题"研究进行结果性评价。关于过程性评价的实施，教师要充分关照每个学生的学习基础、学习兴趣、学习态度、个人潜质等，关注每个学生在原有知识技能基础上的发展和进步，允许对同一"课题"或"子课题"进行不同的学习研究。在"课题"研究的不同阶段，可以采取学生自评、学生互评和教师点评等方式，对学生的研究态度、合作精神、研究方法、基本技能、创新思维、地理素养、价值观念等进行全面评价，让每个学生明确自己的优势，认识自己的不足，自觉规划并不断优化"课题"研究实施。关于结果性评价的实施，还可引入家长、校友、社会大众来对"课题"研究的最终成果进行评价。例如，在研究"制订家庭避灾、防灾的方案"时，学生可以在家中、班级里宣讲方案，还可以到社区里宣传推广，科普家庭避灾、防灾举措，承担社会责任，接受社会评价，增强社会责任感。

参考文献：

[1] 王民.新修订的中图版高中地理教材介绍[J].中学地理教学参考，2019（9）：9-14.

《资源、环境与国家安全》课程理解与教学建议
——以"石油与国家安全"一节为例

王建芹[①]

《普通高中地理课程标准（2017年版）》颁布后，笔者通过研究发现：课程结构发生了较大变化，与现行课程相比，选择性必修课程部分增加了一个全新模块——选择性必修3《资源、环境与国家安全》。由于这一模块出现了不少新概念、新观念，如果教师的教学观念和教学策略没有及时转变，恐怕难以适应新课程背景下的教学要求。笔者曾参与"石油与国家安全"一节的编写、审读和试教，下面以本节内容为例具体谈谈新课程理解的方法路径及教学建议，以期为教师使用新教材提供借鉴。

一、比对新旧课标，把握新观念、新变化

课程标准是编写教材、教学和备考的依据。以"石油与国家安全"一节为例，笔者通过对比《普通高中地理课程标准（2017年版）》（以下简称"新课标"）和《普通高中地理课程标准（实验）》（以下简称"旧课标"）中的相关内容（表1），查找异同，具体分析如下。

表1 "石油与国家安全"一节相关内容新旧课标对比

《普通高中地理课程标准（实验）》中的内容[1]	《普通高中地理课程标准（2017年版）》中的内容[2]
举例说明非可再生资源耗竭对人类活动的影响，并说出人类采取的相应措施	以某种战略性矿产资源为例，分析其分布特点及开发利用现状
根据有关资料，说出非可再生资源开发过程中应采取的环境保护措施	

---

① 王建芹，山东省威海市教育教学研究中心高中地理教研员，中学高级教师。

相同之处主要在于：一是在新旧课标中，该内容都采取案例教学的方式。课程标准中"举例说明……""以……为例"，都需要通过煤炭等非可再生资源或石油等战略性矿产资源进行案例教学。二是学习内容都涉及分析资源的开发利用。三是要求树立资源观、环境观等地理观念。例如，旧课标中"说出非可再生资源开发过程中应采取的环境保护措施"，要求学生通过了解非可再生资源开发利用过程中出现的资源问题、环境问题及对策，树立正确的资源观、环境观；新课标中"以某种战略性矿产资源为例，分析其分布特点及开发利用现状"，也隐含了保护战略性矿产资源与环境的意识。

不同之处主要在于：一是个别概念表述的变化。与旧课标中的"非可再生资源"相比，新课标提出了"战略性矿产资源"，即某些矿产资源对一个国家或地区的发展、社会稳定和国际竞争力具有重要战略意义，对经济安全、国防安全以及经济社会可持续发展等有着重要影响和制约作用。因此，在教学中，学生要明确石油是世界重要的能源燃料，不仅具有重要的经济价值，更具有重要的战略价值。二是观念认识要求的变化。旧课标要求学生树立正确的资源观、环境观；新课标在此基础上，还要求学生能站在国家安全、国际合作的高度，认识资源和环境的现状、问题及对策措施，了解资源、环境问题对于国家安全的重要性，即树立国家安全观，包括资源安全观、环境安全观等。三是学习能力要求的变化。旧课标中使用的行为动词是"说出"，新课标提出的行为动词是"分析"，学习能力层级的要求有所提升。

可见，此次课程标准的修订不仅突出了思想性和时代性，反映了习近平新时代中国特色社会主义思想，强调培育社会主义核心价值观，注重传统文化、法治意识、国家安全、生态文明、海洋权益等主题教育，对于内涵与要求也有了显著的拓展和提高，要求引导学生从维护国家安全的高度审视资源的开发利用状况并提出解决问题的建议。

二、整体把握模块要求，明确课程定位与关联

《资源、环境与国家安全》模块共有 8 条内容标准，其中第 1~4 条关注的重点是资源安全，包括战略性矿产资源、耕地资源、海洋空间资源等，涉及能源安全、粮食安全、国土安全等问题；第 5~8 条关注的重点是环境安全，包括碳排放、自然保护区、污染物跨境转移，涉及生态安全等问题。

新课标中，选择性必修 3《资源、环境与国家安全》模块与必修课程地理 2、选修课程 4 密切相关。例如，新课标在必修课程地理 2 中要求："结合实例，说明国家海洋权益、海洋发展战略及其重要意义。运用资料，说明南海诸岛是中国领土的组成部分，钓鱼岛及其附属岛屿是中国固有领土，中国对其拥有无可争辩的主权。"选择性必修 3 则要求："结合实例，说明海洋空间资源开发对国家安全的影响。"二者以"海洋权益的重要性"为共同点，体现课程内容的递进与螺旋上升。又如，新课标在选择性必修 3 中要求："运用碳循环和温室效应原理，分析碳排放对环境的影响，说明碳减排国际合作的重要性。"选修课程 4 则要求："简要说明地球上碳、氮、氧等元素循环的过程及其对环境的影响。结合实例，说明全球变暖对生态环境的影响。"可以看出，各模块之间的关联性较强，选择性必修 3 课程内容更加聚焦，所有的问题都紧密围绕国家安全展开。为此，教师要树立正确的课程观念，从宏观上把握各个模块之间的关系，课堂教学要避免"炒冷饭"，要层层递进，处理好必修与选择性必修、选修之间的关系，合格考与等级考之间的关系。

三、厘清核心概念的关系，多角度分析问题

"石油与国家安全"一节涉及的核心概念主要有国家安全，石油的储存、开采、运输、生产与消费等。在教学中要把握这些要素的相关性，形成思维链条（图 1）。

教学时，可以开展如下合作探究：（1）石油生产与消费的地区、国家如何分布？二者的相关性有何特点（以沙特、日本、中国为例说明）？

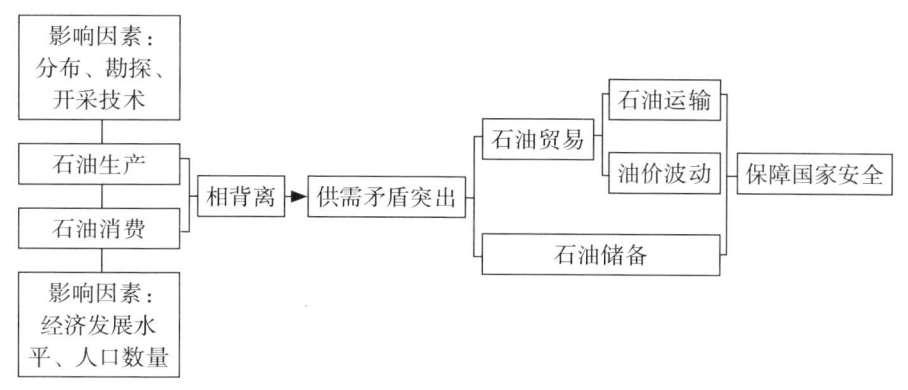

```
┌─────────┐
│ 影响因素： │
│ 分布、勘探、│                           ┌─────────┐
│ 开采技术  │                    ┌──────→│ 石油运输 │
└────┬────┘                     │       └─────────┘
     │         ┌─────────┐  ┌──────┐
┌─────────┐    │         │  │石油贸易│        ┌─────────┐
│ 石油生产 │────→│相背离│→│供需矛盾│──┤      ├──────→│保障国家安全│
├─────────┤    │         │  │ 突出 │  │油价波动│      └─────────┘
│ 石油消费 │────→│         │  └──────┘  └──────┘
└────┬────┘    └─────────┘        │
     │                            │       ┌─────────┐
┌─────────┐                       └──────→│ 石油储备 │
│ 影响因素： │                              └─────────┘
│ 经济发展水 │
│ 平、人口数量│
└─────────┘
```

图1　"石油与国家安全"核心概念关系图

（2）石油生产地与消费地的这种关系，对石油生产国、消费国可能产生什么影响（从生产成本、交通、政治、社会等角度分析）？以此启发引导学生从有利、不利两个方面辩证思考，多角度分析问题。

四、以石油安全为载体，落实地理学科核心素养

1. 问题引导，提升区域认知能力

学习"石油与国家安全"一节，在分析保障我国石油安全的措施时，可以尝试以问题为导入开展教学。

（1）通过让学生填图发现问题。让学生标出石油海运重要节点的名称，并说出哪些节点对我国石油进口安全尤为重要。在此学习过程中，学生区域认知能力得到了提升，并通过数据分析得出"马六甲海峡是我国石油进口的重要节点"；要使我国"买得到、买得起、买得好"石油，能源安全方面仍面临不少挑战。

（2）给学生提供中哈、中俄、中缅石油管道运输及中东海上石油运输路线图，让学生思考我国应如何借助"一带一路"倡议与沿线国家（如俄罗斯等国）开展石油合作与石油贸易。通过情境案例教学，培养学生提取信息、现场学习的能力，激发学生的探究欲望，引导学生得出结论：为了减少对马六甲海峡的海上石油运输的依赖性，我国要走石油进口多元化渠道，保障石油运输通道的安全。

（3）让学生读"世界主要国家石油储备图""我国国家石油储备基地

位置示意图",思考:我国为什么要建设石油储备基地?适宜在哪里建设?原因是什么?通过读图分析,学生可以看出,与美国、日本、德国、法国、韩国相比,我国的石油储备能力和水平有限,为保障国家能源安全,不仅要积极开展国际石油合作,还要加强国内自身建设,通过建设国家石油储备基地等手段,提高石油储备水平,增强抵御极端风险的能力。

以上环节,环环相扣,有助于学生学会运用区域比较和联系的方法认识我国石油资源的开发利用现状,论证区域石油资源开发决策是否合理,从而提升区域认知能力和国家安全意识。同时,还能使学生从全球化的视角,综合分析石油资源开发利用存在的问题,并从国际合作的高度理解解决石油国家安全问题的重要性。

2. 构建思维导图,培养综合思维

本节的学习重难点之一是分析"国际油价波动与哪些因素有关"。对于这一问题,只用地理学科的知识和原理很难解决,需要结合政治、历史学科的相关知识进行多维度分析。如涉及"阿拉伯石油禁运""两伊战争""第一次海湾战争""四次石油危机""美国9·11事件"等历史事件,还关乎"亚洲金融危机""美国次贷危机""OPEC减产,需求增加"等政治经济观点,分析时需要综合考虑供求关系、政策、地缘政治、新技术革命等因素的影响,其中供求关系是主导因素,也是最直接的因素,其他因素间接影响石油价格。可以构建如下思维导图(图2)。

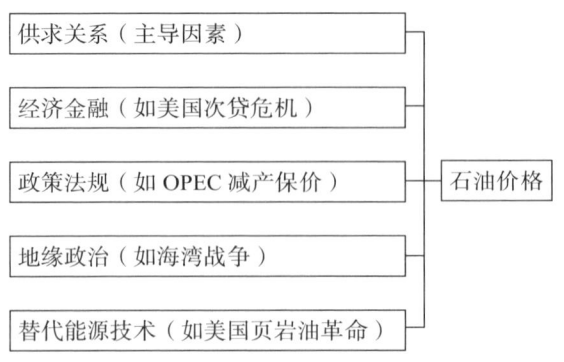

图2 影响石油价格的思维导图分析

另外，为学生提供数值图，让学生感受两次 OPEC 减产导致的结果有何不同。第一次时间为 2005 年左右，OPEC 减产，石油需求增加，油价上升；第二次时间为 2010 年左右，OPEC 减产，但由于美国次贷危机的影响，全球经济衰退，石油需求下降，油价相比之前反而下降。通过分析，学生认识到，国际油价的波动是经济金融、政策法规、供求关系等因素综合作用的结果。这是对不良结构问题的分析，有利于培养学生的高阶思维。可见，地理学科具有综合性的特点，需要跨学科学习，打开思维和视角，综合考虑各个要素之间的相关性，才能真正实现在真实情境下分析和解决问题。

总之，《资源、环境与国家安全》是全新的模块，它与旧教材选修 6《环境保护》的内容相比显然更具有时代性、主题性。新时代、新形势不仅呼唤新的发展观、改革观，还需要新的安全观。2014 年，习近平总书记提出"总体国家安全观"，是新时期下的"新国家安全观"。总体国家安全观作为此次新课标与新教材编写的重要理论依据之一，其内涵非常丰富，教学中不可能面面俱到。从地理学科的视角，重点对资源安全、生态安全、经济安全、国土安全、政治安全等方面予以了关注，教师在教学中应高度重视，从价值观念到教学方式上都应有一个全新的认识和把握。

参考文献：

[1] 陈澄，樊杰. 普通高中地理课程标准（实验）解读 [M]. 南京：江苏教育出版社，2004.

[2] 中华人民共和国教育部. 普通高中地理课程标准（2017 年版）[S]. 北京：人民教育出版社，2018.

第二章

指向地理学科核心素养养成的教学实践

第一节 强化地理实践力,落实核心素养培育

以简易实验为抓手提高地理实践力

徐国存[①]

新修订的普通高中地理课程标准明确了地理学科的育人价值,提出了人地协调观、地理实践力、区域认知和综合思维四大核心素养。地理作为一门实践性很强的学科,地理实践力是其中的关键要素。

一、地理实践力,地理教学的应然追求

地理实践力是指学生在地理考察、社会调查和模拟地理实验等实践活动中所具备的行动能力和意志品质。其内涵可分为能力和品质两个层面,能力层面包括观察和描述地理事物,测量和记录地理数据,设计和演示地理实验等实践操作技能;品质层面包括关注生活、善于研究的良好习惯,敢于质疑、勇于探索的积极态度,实事求是、追求真理的科学精神。[1]这

---

① 徐国存,江苏省无锡市玉祁高级中学教师。

些能力和品质经过沉淀，会内化为性格和素养，最终帮助学生在真实生活中学会从地理视角认知和欣赏地理环境，选择适当的方法和工具解决实际地理问题，追求人与地理环境的和谐共生。所以，地理实践力是学生适应未来社会所必备的地理思维品质，也是地理学科教学的价值追求。

二、简易实验，提升地理实践力的有力抓手

地理实践力只能在观察、调查、实验等地理实践活动中通过亲身体验逐步提高。地理实验是指观察、观测、演示、制作、绘制、调查等地理活动方式，是认识、探究地理事物、现象和过程等的地理实践教学活动，是有效提高地理实践力的途径之一。[2]开展地理实验教学可以改变学生被动接受的学习方式，调动学生的学习积极性，使学生主动思考其中蕴含的地理规律和地理原理。学生在动手操作的过程中，还能提升各种实验操作技能，增强发现问题、分析问题、解决问题的能力，培养严谨的科学思维和创新意识。课程改革至今，地理实验教学得到了越来越多的重视。但是，由于受经费和传统观念等因素的制约，很多学校往往缺乏专门的地理实验室、规范化的实验器材和科学的现成实验方案，地理实验教学实际开展状况并不理想。如何能够在缺少硬件支持的不利条件下，基于节约成本、就地取材等原则，开发简单易行、科学有效的简易实验是当前地理教学应该关注的问题。

三、实施简易实验的策略与案例

1. 以日常用品为基础，开发简易实验

有些实验对场地和材料的要求并不高，完全可以在教室内利用生活中容易获得的物品来开展，如模拟"褶皱山的形成"、模拟"热力环流"、模拟"山前洪（冲）积扇的形成"等实验。

【案例1】模拟"褶皱山的形成"实验

实验目的：通过挤压紫砂泥使之产生变形，模拟岩层受水平挤压成山或成谷的过程。

实验准备：事先购置紫砂泥，按照规格塑形，略微风干（增加其

硬度）。

实验材料：15cm×10cm×1cm 的紫砂泥。

实验步骤：

（1）将紫砂泥平放在桌面，两手对紫砂泥进行水平挤压。

（2）当紫砂泥发生一定弯曲后，观察向外弯曲面的裂痕现象（图1）。

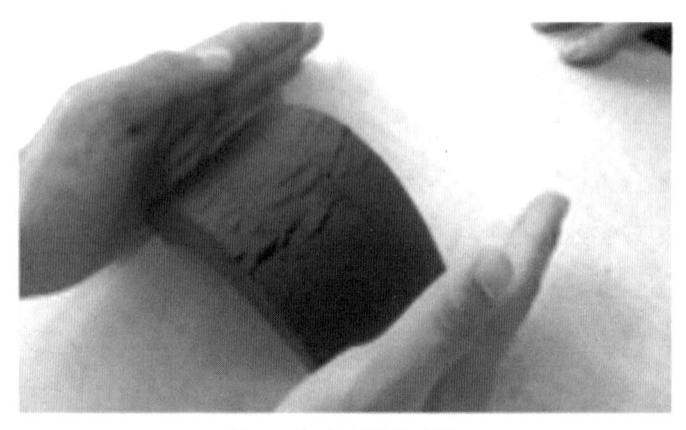

图1　学生挤压紫砂泥

（3）将紫砂泥反转，观察向内弯曲面更加紧密严实的现象。

实验结论：紫砂泥向外弯曲面的裂痕说明"背斜受侵蚀易成谷"，向内弯曲面更加紧实说明"向斜不易受侵蚀反而成山"。

拓展与思考：

（1）实验中若不慎用力过大，紫砂泥断裂，则可以模拟哪种其他地质构造？

（2）若要演示地质构造与矿产分布和工程建设的关系，实验需如何改进？

本模拟实验的关键在于模拟岩层材料的选择，要求既有一定的可塑性（受挤压后发生弯曲变形），又有一定的刚性（过度受力则会断裂）。紫砂泥略经风干后与上述特点非常吻合。而且紫砂泥较为常见，成本低廉，经过处理后可以重复使用。该模拟实验将大时空尺度范围内的地壳运动过程高度浓缩并且直观形象地表达出来，学生通过亲手演示，体验褶皱山的形成过程，有效突破"背斜成谷、向斜成山"这一思维难点，体会科学研究的方法，培养探索真理的科学精神。

2. 以校园环境为载体,丰富简易实验

有些地理实验必须在室外环境中开展。校园环境和校内设施是地理环境的组成部分,可以为地理实验提供真实情境。教师应结合本校地理环境,充分挖掘其作为实验载体的价值,开展丰富多样的简易实验,如"测算经纬度""绘制学校平面图""利用光照淡化海水"等实验。

【案例2】测算学校所在地经纬度的实验

实验目的:应用"正午太阳高度角"和"地方时"原理,测算本校经纬度。

实验条件:秋分日前后(教学进行到相关章节时),天气晴朗。

实验准备:

(1)部分学生提前测量影长,将影长最短时对应的北京时间范围压缩在20分钟以内。

(2)关注天气预报,及时了解秋分日前后的天气情况。

实验器材:竹竿(笔直、长度1米)、手表、卷尺、计算器。

实验步骤:

(1)将竹竿垂直固定,在北京时间11:50到12:10之间,每隔2分钟测量一次并记录影长L(表1)。

表1 影长记录(cm)

时间	11:50	11:52	11:54	11:56	11:58	12:00
影长	65.5	65	64	63.5	63	62.5
时间	12:02	12:04	12:06	12:08	12:10	—
影长	63	63.5	64	65	66	—

(2)利用最短影长L(62.5cm),竹竿长度1m,计算出正午太阳高度角为58°,从而计算出当地纬度为32°N。

(3)影长最短时的地方时与北京时间12:00刚好相同,算出当地经度为120°E。

实验结论:

本地经纬度为(32°N,120°E)。查询"地球在线网"得到本地经纬度(31.7°N,120.2°E),纬度误差0.3°,经度误差0.2°。

拓展与思考:

(1)如何控制误差?

(2)如果秋分日前后连续阴雨,在实验日期上该如何调整?

该实验原理并不复杂,但对测量的误差控制要求较高。在实际测量过程中,许多小组的实验数据精度达不到要求,导致后期无法计算,实验以失败告终。实验失败小组在"如何缩小误差"问题上进行深入分析,寻找到5个影响数据精度的因素,并提出相应的改进措施(表2)。通过实验,学生既增强了观察、测量、计算等实验技能,又提高了发现问题、分析问题和创造性解决问题的能力。

表2 数据精度的影响因素

影响因素	改进措施
竿子的长度	从1米增加到2米
竿子的笔直程度	用塑料杆或不锈钢杆代替竹竿
与地面的垂直程度	不可目测,借助三角板测量
影子的清晰程度	垫上白纸以增加对比度
测量操作的精确程度	认真仔细,按时精确测量

3. 以社会实践为依托,拓展简易实验

学校外面的各种科技场馆、科研机构、工厂以及自然环境为地理教学提供了丰富的课程资源和实验场所。一般学校每学期都会组织一两次或近或远的社会实践活动,若是地理教师提前与学校其他部门沟通,科学规划,可以依托社会实践活动将简易实验拓展至校外的广阔天地,如"验证温室效应""野外利用手表定方向"等实验。

【案例3】测量塑料大棚"温室效应"的实验

实验目的:测量塑料大棚的保温作用,验证"温室效应"。

实验条件:学校周围农民种植蔬菜的塑料大棚。

实验准备:学生代表提前和菜农沟通,得到允许后进入大棚测量温度。

实验器材:两支温度计。

实验步骤:

(1)将两支温度计分别固定在塑料大棚内外,保持离地高度为1.5米。

(2)从8:00到16:00,每隔约1小时读取并记录温度计数据(表3)。

表 3 棚内外温度对比（℃）

时间	8:00	9:00	10:00	11:00	12:00	13:00	14:00	15:00	16:00
棚内	9.3	10.1	11.2	12.6	14.2	16.6	17.5	17.6	16.5
棚外	7.5	8.1	8.8	9.9	11.7	13.6	14.4	13.9	13.1

实验结论：棚内温度明显高于棚外，并随棚外温度升降，说明塑料大棚的"温室效应"显著。

拓展与思考：

（1）推测夜晚、阴雨天气温度变化并制订实验验证方案。

（2）讨论身边的生产和生活中还有哪些事物用到了此原理。

此验证实验的原理和操作都比较简单，难度在于实验时间跨度长，时间成本太高。在实际实验中，学生读取和记录了第一个数据，然后在菜农的帮助下完成了剩余数据的读取和记录。在此过程中，学生与人沟通的能力和社会实践能力得到了提升，而这正是地理实践力的有机组成部分。

简易实验能在最大程度上克服硬件条件不足的困难，但是对教师的教育热情、教育智慧、专业素养提出了更高的要求。教师应积极思考，努力创造条件，开展形式多样的简易实验，在提高学生地理实践力的同时，促进自身专业成长。

参考文献：

［1］李京燕.论地理实践力素养培养途径（连载一）［J］.地理教育，2017（4）：4-6.

［2］徐宝芳，张卫青.中学地理实验教学研究［M］.西安：陕西师范大学出版社，2010.

在实践课堂中提升地理实践力

王贵峰[①]

新课程提出要让学生学习对生活有用的地理。现在学生普遍感觉地理枯燥乏味并且用处不大,那是因为当前地理教学中很多地理知识都是由教师告知、学生被动接受的,地理的实验、观测、考察、调查等实践活动较少。2016年11月,教育部等11部门发布《关于推进中小学生研学旅行的意见》,把研学旅行纳入学校教育教学计划,为中小学生走进实践活动提供了支持。

我校是江苏省无锡市"学陶研陶"的先进单位,陶行知先生的"知行合一""生活即教育"的思想在我校深入人心,学校支持学生走进社会,走进生活。作为地理教师,更是迫切希望学生能走出封闭的课堂,走进社会和生活,用学到的地理知识去解决生活中的问题。为此,我们创设了地理实践课堂,突出培养学生的地理实践力。本文以2017年我校高二学生走进宜兴未成年人社会实践基地的一次地理实践活动(以下简称"宜兴地理实践课")为例,来展示我们对地理实践课堂的探索。

一、基于培养学生地理实践力的教学目标制定

宜兴未成年人社会实践基地是我校多年的德育实践基地,学校地理教师对宜兴地区比较了解,经过多年的实践考察确定了善卷洞、龙池山等实践地点,熟知实践地点的气候、地形、河流、土壤、植被、农业等情况。因此,结合课程标准及高二地理课程内容的相应要求,制定"宜兴地理实践课"的教学目标如下:

①通过游善卷洞,学生认识溶蚀地貌并能说出善卷洞的成因。

②通过游龙池山,学生调查出此处的植被类型,小组合作画出龙池山

---

① 王贵峰,江苏省无锡市玉祁高中教师。

③通过游画溪河，学生了解画溪河一年水位的季节变化，总结出河流的水文特征、水系特征。

④通过走进制陶馆，学生在学习制作陶器的过程中了解紫砂土的特性及形成条件。

⑤通过走进农田，学生能正确分辨冬小麦和春小麦，小组讨论出当地种植小麦的区位条件。

本次地理实践课堂，主要是对课堂所学知识的运用和巩固，侧重体验和探索，以提升学生的地理实践力，同时培养学生小组合作探究的团队合作意识，进而形成班级凝聚力。

二、基于培养学生地理实践力的教学

在"学习对生活有用的地理""学习对学生终身发展有用的地理""构建开放的地理课堂"理念的指引下，我们设计了符合本次实践课堂教学目标的课程内容，具体如表1所示。

表1　宜兴地理实践课程内容

实践课程	活动地点	实践内容	课时数
考察溶洞、梁祝文化	善卷洞	①认识石笋、钟乳石、石柱；②观察岩石特性，判断当地主要岩石类型；③讨论以溶洞为代表的喀斯特地貌的成因；④写出地质作用，画出岩石圈物质循环图	4
登龙池山	龙池山	①爬山过程中，观察树上的标牌，调查出植被类型，并且观察阳坡和阴坡哪一侧植被更加茂密，思考原因；②通过观察爬山路标记住海拔高度和线路，得出山区修建道路的选址及道路的延伸方向；③学生爬到最高峰后观察山脊的走向，通过小组合作画出龙池山简易等高线地形图；④观察没有人类种植环境下的土壤颜色	4
陶艺制作	实践基地陶吧	①学生在学习制作陶器的过程中了解紫砂土的特性及形成条件；②感悟陶文化，学习制作紫砂陶艺，陶冶审美情趣	2

（续表）

实践课程	活动地点	实践内容	课时数
游画溪河	画溪河	①游画溪河，学生访问当地百姓，了解画溪河一年水位的季节变化，总结出河流的水文特征、水系特征，说出画溪河的补给方式；②学生寻找画溪河一处弯曲河段，能判断出哪一侧是凹岸，哪一侧是凸岸，哪一侧侵蚀，哪一侧堆积，并说出此处是什么河流地貌	4
走进农田	龙池山脚下	①通过走进农田，学生认识小麦，能正确分辨冬小麦和春小麦；②通过咨询当地农民，了解小麦的生长习性，小组讨论出当地种植小麦的区位条件；③写出农业区位条件的分析思路	2

本次实践课堂主要有以下环节：

（1）起名字。实践课堂主要采用小组合作探究的形式进行。每个小组有组员 6~7 人，小组要有自己的组名，如"冷锋队""巅峰队"等。

（2）预设问题。例如，为实现"通过游善卷洞，学生认识溶蚀地貌并能说出善卷洞的成因"的目标，"冷锋队"在出发前，预设了如下三个目标：①各位组员能认识石笋、钟乳石、石柱；②小组探讨此处的主要岩石类型并能说出此岩石的成因及溶洞的成因；③小组合作完成岩石圈的物质循环图。

（3）实地考察。

（4）各小组展示成果（图1）。

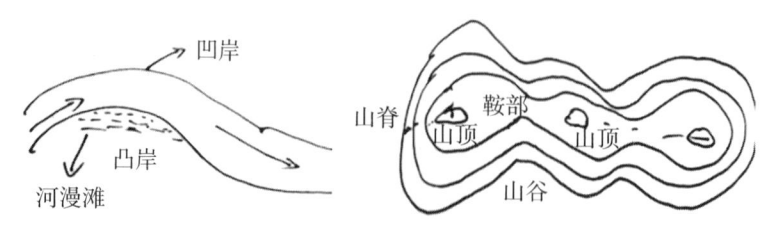

图1 小组考察成果展示（部分）

（5）教师点评。

三、基于培养学生地理实践力的评价

1. 注重实践活动过程评价

在实践活动中，学生边走边记录，共同完成学习内容；活动结束时，

每个小组要推荐一名"小领袖","小领袖"从学生的时间观念、纪律意识、参与程度、在团队中的作用等方面来考量,由小组成员自行推选。最后由"小领袖"代表小组发言,介绍小组的合作探究过程。在活动过程中,无论是"小领袖"的推举,还是对所有学生在实践活动中的表现,教师都特别重视过程性评价,注重在活动过程中培养学生的良好习惯和合作探究意识,增进师生间的感情。

2. 开展多样的实践活动成果评价

在设计本次实践活动课时,地理教师尽可能地把课本上的基础知识融入活动课程中去,让学生真正体会到知识来源于实践,又可以指导实践,做到知行合一。为此,教师设计了以下内容:①画出岩石圈物质循环图;②写出地质作用的种类;③说出亚热带季风气候的特点、成因、对应的植被类型和自然带;④说出宜兴地带性土壤;⑤写出河流补给方式和水文特征的分析思路;⑥认识河流地貌,说出河流地貌的成因;⑦写出农业区位条件分析的思路。学生是否能把书本中所学的知识运用到实地考察中?学生在实地考察时是否能深化对这些书本知识的认识和理解?我们对学生的考查不再是以往课堂中的纸笔测验,而是在实践活动结束后,要求学生把活动中收集到的照片、文字资料、图片资料(如简易等高线地形图、河流的水系图等)、实物(如制作的陶器等),以及学生自己动手完成的文字、表格、图示等内容,通过展板和实物展示的方式向全校师生展示。此外,举行一次与本次地理实践活动有关的地理基础知识竞赛活动;收集学生在此次地理实践活动后写下的感悟,并挑选优秀的编制成册,发给每位学生。教师通过对学生在实践活动中的各种表现、上交成果及知识竞赛表现进行评价,最终判定学生在地理实践课堂中的成绩并给予学分。

"知是行之始,行是知之成,唯有知行合一,才能真正领悟知识的真谛。"地理实践课堂是传统地理教学的有力补充,是培养学生地理实践力的最有效途径,地理课堂也因走进自然、走进社会,变得更有活力。

以地理实践力为导向的课堂模拟实验教学策略
——以"昼夜长短变化"为例

戴文斌[①]

地理学是一门实践性很强的学科，它要求人们在考察、实验和调查等地理实践活动中具备相应的意志品质和行动能力。[1]然而，长期以来的地理教育中，学生真正走进真实自然与社会的机会并不多，动手触摸、用眼观察、用心感受地理事象的实践不够，全身心地在与真实环境的互动中提升智力、情怀与责任素养不足。倡导模拟实验融入地理课堂，教师适时地指导学生掌握一定的技能与方法，同时培养学生必要的科学精神与行为品质，[2]有助于地理实践力素养的落实。

一、地理课堂模拟实验的概念及方式

由于多数地理现象及其变化的时空尺度较大，课堂教学中通常难以直接观察，需要借助替代性的实验器具或信息技术，并设置类似的条件或环境，对教学内容予以模拟，以实现教学认知的直观化与具体化。因此，地理课堂模拟实验作为一项重要的教学实践活动，是通过在课堂中有目的、有步骤地模拟控制地理现象和过程来认识地理事物与规律的感知活动。[3]

按照实验方式的不同，模拟实验分为实物模拟实验与计算机模拟实验。实物模拟实验是模仿自然地理现象或过程，制作实物模型开展的实验，也可理解为模型实验。对于地理课堂教学而言，实物模拟实验师生可就地取材，前期准备工作简单，教学开展门槛较低，相对省时省力。计算机模拟实验是建立在虚拟实验环境中，利用计算机对地理现实的参数进行

---

① 戴文斌，江苏省常州市北郊高级中学教师，中学高级教师。

模拟，也可理解为虚拟实验。对于地理课堂教学而言，它在细节的表现性、操作的交互性、结果的仿真性上更有优势，但对虚拟模型建构以及教学使用环境的要求较高。

二、地理课堂模拟实验的教学案例

"昼夜长短变化"作为"地球公转地理意义"章节的重要学习内容，对学生认识自然地理环境中的物质运动与能量交换、自然地理环境的整体性与差异性、自然地理环境对人类活动的影响均有着重要意义。《普通高中地理课程标准（2017年版）》对此部分的内容要求为"说明地球运动的地理意义"，使用行为动词"说明"，表明教学认知应由对自然现象的了解上升为对规律和成因的理解与解释。尽管"昼夜长短变化"现象与学生的日常生活体验密切相关，但课堂中学生需要跨越时间（季节）与空间（纬度）范围来思考该现象的规律与成因，仍旧存在一定的认知难度。因而，可以借助模拟实验对无法直接观察的地理现象展开课堂探究。

1. 实物模拟实验

（1）实验用具

大型圆底烧瓶（一个）；瓶塞（一个）；带色（不宜过浓）的水（半瓶）；细金属棒（一根）；剪纸太阳（三个）。

（2）实验准备

在大型圆底烧瓶内注入半瓶带色（不宜过浓）的水，使得任意角度放置烧瓶时，水面均能刚好平分烧瓶的圆球部分。穿过瓶塞插入细金属棒，用以表示地轴，瓶底一端表示北极；金属棒与水面的交点表示地球上某地纬度，水面则表示该地地平面。

在烧瓶球面适当的位置绕瓶身画出赤道、北回归线与南回归线，并在这三条纬线上各贴上纸剪的"太阳"，表示太阳直射点。

（3）实验过程（表1）

表1 "昼夜长短变化"实物模拟实验过程

	实验图示	实验探究	实验意图
观察现象		①图示地平面所在的纬度是多少？ ②春秋分日，太阳与地平面的关系如何？ ③夏至日，太阳与地平面的关系如何？该地昼夜长短情况如何？ ④冬至日，太阳与地平面的关系如何？该地昼夜长短情况如何？	探究极地地区不同节气的昼夜长短情况
观察现象		①图示地平面所在的纬度是多少？ ②春秋分日，该地昼夜长短情况如何？日出与日落是何方位？ ③夏至日，该地昼夜长短情况如何？日出与日落是何方位？ ④冬至日，该地昼夜长短情况如何？日出与日落是何方位？	探究赤道地区不同节气的昼夜长短情况 探究南半球地区不同节气的昼夜长短情况
总结规律		①日出、日落方位与太阳直射点位置有何关系？ ②昼夜长短情况与太阳直射点位置有何关系？ ③昼夜长短变化情况与太阳直射点位置的移动有何关系？	以北半球为例，探究不同时空条件下昼夜长短及其变化规律

该实验以空间为变化维度，为学生创设了以"天圆地方"为经验背景的地平参考系统。较之传统方式，它能直观地反映不同地区在一年中不同时间的昼夜长短及其变化规律。一般而言，实物模拟实验的前期准备较为简单，过程开展也极为方便，有助于培养学生动手参与探究学习的能力。

2. 计算机模拟实验

（1）软件环境

SketchUp，Google Earth。

（2）实验准备

在SketchUp软件中建构不同纬度地区的三维地平坐标系（图1），教师可选择通过正午太阳高度角的计算，在坐标系中标注二分、二至日正午时刻太阳在天幕中的高度，从而降低学生在实验探究中的学习难度。

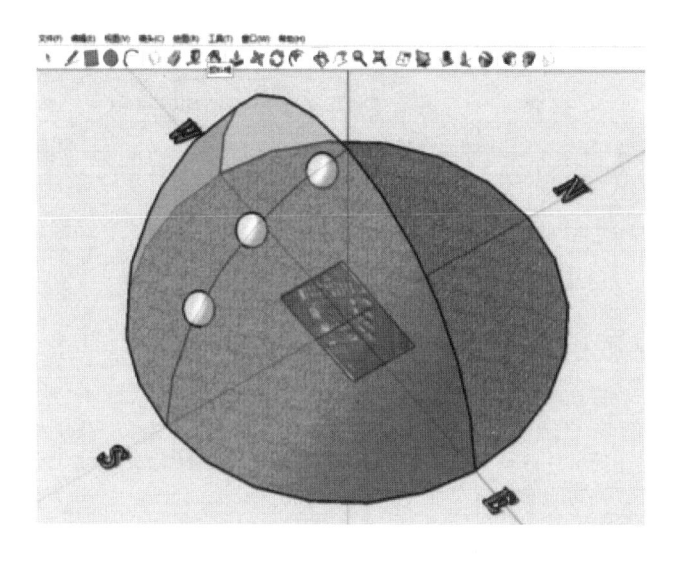

图1　SketchUP 环境中的三维地平坐标系，常州（31°N，120°E）

将上述三维模型植入 Google Earth 环境（图2），点击"阳光在地面的移动轨迹"按钮，出现时间进度条，并打开"日期和时间"选项对话框，进行初步调试。以3月21日为例，地方时6点日出为正东方向。

图2　Google Earth 环境中的三维地平坐标系，常州（31°N，120°E）

（3）实验过程（表2）

表2 "昼夜长短变化"计算机模拟实验过程

	日期参数	实验探究	实验意图
观察现象	3月21日或9月23日	①记录不同纬度地区的日出时刻与方位 ②记录不同纬度地区的日落时刻与方位 ③计算不同纬度地区的昼长与夜长情况 ④画出不同纬度地区的太阳周日视运动轨迹图	探究春秋分不同纬度地区的昼夜长短情况
	6月22日		探究夏至日不同纬度地区的昼夜长短情况
	12月22日		探究冬至日不同纬度地区的昼夜长短情况
总结规律		①比较同一日期不同纬度地区的昼夜长短情况，分析昼夜长短随纬度的变化情况 ②比较同一地区一年中不同时段的昼夜长短情况，分析昼夜长短随时间的变化情况	探究昼夜长短的时空变化规律

该实验以时间为变化维度，直观地反映了不同时空条件下昼夜长短及其变化的规律。通过计算机模拟与演示形成的地平面视角，学生能够身临其境，自觉联系生活经验，这是一般实验无法具备的虚拟体验，因而实验的仿真与交互效果极佳。但是，计算机模拟实验的前期准备工作较为复杂，对教师的信息技术水平要求很高，教学开展的门槛也高。

三、地理课堂模拟实验的教学策略

落实地理实践力素养，既应将其内化为意识、态度、精神等隐性的素质，也当将其外显为通过实践活动体现的能够应对现实问题的能力。地理课堂模拟实验作为一种教学手段，能够有效提升学生作为学习主体的参与意识与创新能力。同时，教师也要寻求相应改变，形成适应模拟实验教学的有效方法（图3），以提高课堂教学的实际效果。

1. 教学媒介：联系"教材"与"生活"

教学的本质，是学生通过对已有认知的不断改组或改造，形成基本知识与技能的同时沉淀学科素养的过程。知识是人类对已知世界普世化的整理与总结。作为知识的重要载体，教材是人类对物质世界与精神世界认知的成果体现。但对学生而言，教材仅仅是作为认知的间接来源而存在的。

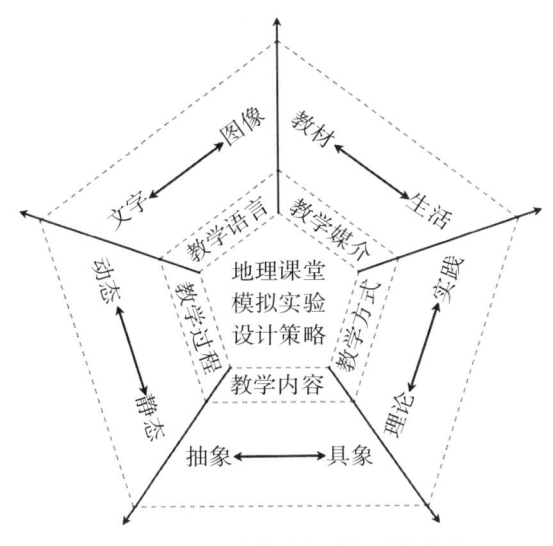

图3 地理课堂模拟实验的教学策略

经验则是学生对生活现象个性化的解读与积累。它作为认知的初级阶段，既可直接源于生活，亦可间接来自教材。英国哲学家培根曾依据实验科学的特点，强调感性经验在认知中的作用。因此，教学不应拘泥于教材，而应博采众长，从教材走向生活，强调知识与经验的联系，形成理性认识与感性认识的融合。

"昼夜长短变化"问题产生于生活中的地理现象，学生对此有着丰富的感官体验。因而，由生活经验入手并将其作为教学的起点，契合学生的最近发展区；建构地平坐标系作为学习模型，拟合学生的日常认知环境，有助于学生对自然现象的科学观察与再认知。教学过程中的地理模拟实验，既是学生认知的桥梁，也是知识与技能转化为素养的媒介。合理地运用科学探究，能较好地沟通教材中的科学世界与生活中的经验世界，有效地帮助学生克服认知过程中的混乱，最大限度地激发学生的学习潜能，最终达成教学的预设效果。

2. 教学方式：联系"理论"与"实践"

地理学发展的早期，多以定性描述为主的地理实践活动作为研究的基本方法，包括考察、实验与调查三种形式。随着信息技术的蓬勃发展，地理学走向了以大数据为背景的定量化研究。地理学科的自身性质，注定了教育教学过程中对实践力的重视；但课堂教学的时空局限，注定了地理课堂对实践环节的弱化。对此，地理课程标准给出了明确的培养目标：学生能够运用所学知识和地理工具，在室内、野外和社会的真实环境下，通过考察、实验、调查等方式获取地理信息，探究和尝试解决实际问题，具备活动策划、实施等行动能力。[4]诸如对"昼夜长短变化"等规律的认知，教师通常以理论的讲授为主，忽略了学生在学习中的主体地位。而要在有限的地理课堂教学时间内强调实践性，则必须重视模拟实验的开展。在"昼夜长短变化"探究实验中，无论借助实物还是计算机作为模拟工具，都应引导学生具备问题意识并从现象的观察开始，继而完成规律的总结与成因的分析，最终仍回归实验本身加以验证。教师要引导学生加强对实验方案设计、变量控制、差异比较等细节的关注，注重让学生感受规范的科研流程，在动手参与实践活动中养成科学务实、严谨细致的探究意识。

3. 教学内容：联系"抽象"与"具象"

地理规律是教师设计模拟实验的基础。许多原理性与规律性的地理知识过于抽象，并不易被学生接受。教师不妨以此设计相应的模拟实验方案，课前让学生亲手制作实物学具，使其在丰富课余生活的同时形成初步认知；课堂中指导学生动手操作，让其感知具体的地理事实。这种从一般抽象规律到个别具体现象的实验设计，符合学生学习的认知特点。

模拟实验是学生总结地理规律的先导。"昼夜长短变化"实验从生活经验出发，为学生提供了近距离观察的机会。通过实验记录，学生积累了不同地区在不同日期中昼夜长短情况的差异描述，容易激发求知欲，从而积极探究现象背后的规律以及成因。这种从个别具体现象到一般抽象规律的实验过程，使课堂教学的开展真实有效，达到了化繁为简、化难为易的目的。

4. 教学过程：联系"动态"与"静态"

"昼夜长短变化"作为动态的地理现象，决定了师生须以动态思维展开课堂教学，要求将当前的地理现象作为历史发展的结果与未来发展的起点，研究动态过程中地理现象的演变规律。这种动态思维，既包括时间与空间范畴下的演变意识，也涵盖自然与人文视角下的动态思考。上述教学案例中，实物模拟实验以空间为维度，计算机模拟实验以时间为变化轴，均在时空范畴内对"昼夜长短变化"展开探究。同时，在现象认识与规律分析的过程中，需要对某一特定时空背景下的昼夜长短现象进行静态分析，继而对多个静态结论进行动态的时空综合，最终生成昼夜长短变化的规律。

课堂模拟实验的开展也宜动静结合。学生在参与团队合作与交流中，能够体验动脑设计、动手操作、动眼观察、动口描述、动笔记录、动心研究的科研过程，既提升了学习效果，也落实了地理实践力素养。实验中的交流与分享，必须建立在自身体验与反思的基础之上。体验的过程伴随着感悟的萌发，体验越细致，感悟越深刻。体验后的反思是对感悟的总结性思考，也是提高思维认识水平的重要环节。

5. 教学语言：联系"文字"与"图像"

语言是表达的工具。文字描述是地理学发展早期的语言，而地图描绘是地理学相较其他学科具有特色的语言表达体系。图像语言的优势在于直观性与表现性，更容易吸引学生的注意，它可以生动、形象地表达昼夜长短变化等规律，有助于减轻记忆学习的压力。但由于不同阅读人群对图像语言存在理解能力的差异，导致信息传播中会有一定的心理偏差。而文字语言能更准确、鲜明、突出地反映教学主旨，可以作为图像语言强有力的强化手段。因此，图像语言与文字语言在教学信息的物质表达中相辅相成，均有着重要意义。

在地理模拟实验中，对于现象与规律的教学，教师应注意引导学生在图像语言与文字语言的表达上建立一种映射，增强学生的学习认知。学生可以在实验现象的观察与记录、实验结论的总结与交流环节，尝试运用不同的语言体系强化对教学内容的理解。

参考文献：

［1］［4］中华人民共和国教育部.普通高中地理课程标准（2017年版）［S］.北京：人民教育出版社，2018.

［2］韦志榕，朱翔.《普通高中地理课程标准（2017年版）》解读［M］.北京：高等教育出版社，2018.

［3］张卫青，徐宝芳.中学地理实验类型与内容设计［J］.内蒙古师范大学学报（教育科学版），2005，18（10）：103-106.

第二节　基于项目和大单元的教学创新

指向核心素养养成的项目教学
——以地理学科为例

程　菊[①]　王万燕[②]

项目教学是以项目的方式向学生提出富有挑战性的问题或任务，围绕某个项目情境，学生通过设计问题解决方案、自主决策或合作探究等活动，最终以作品制作的形式展示学习成果。[1]项目教学融合多学科知识内容，让学生在体验项目的过程中将其融会贯通，对突出学生的主体性、培养学生的核心素养等都具有重要的作用。

一、项目教学设计与实施

（一）创设项目情境

情境是知识的载体，要将知识转化为素养同样需要情境，项目教学的情境不是凭空设计的，而是真实的、源于生产生活实际的。真实的问题情境能充分激发学生的探究兴趣，促进学生理解、内化知识。情境通常是不良结构的，是一个不确定的情境刺激，不是学生能直接得出答案的具体问题。由于难以确定解决问题所必需的规则和原理以及解决问题的方法和步骤，学生需要通过多种学习交互方式合作探究，寻找最佳的问题解决办法。项目教学情境的选择需要综合考虑学生的学习兴趣、学情、真实情境所蕴含的教育价值等因素，基于课程标准寻找各因素的契合点，创设教学情境，引导学生的探究方向。例如：

[①] 程菊，山东省济南市教育教学研究院教研员。

[②] 王万燕，山东师范大学地理与环境学院研究生。

【情境一】2013年,习近平总书记在中央城镇化工作会议上讲道:"为什么这么多城市缺水?一个重要原因就是水泥地太多,把能够涵养水源的林地、草地、湖泊、湿地给占用了,切断了自然的水循环……"

【情境二】内涝已成为济南市遭遇强降雨后的普遍状态。由于不透水屋面和地面持续快速的增加,能够吸收雨水的地面和水面急剧减少,加之城市排水管道为硬质设施,因此内涝频繁发生。

教师引导学生思考:"城市中的水从哪里来?要到哪里去呢?城市的缺水与内涝两者貌似一个矛盾体,两个问题是怎么产生的呢?该如何解决呢?"通过提出一系列疑问,激发学生对项目进行探究学习的兴趣。

以上情境来源于与学生密切相关的真实生活,而且是不良结构的问题,具有一定程度的复杂性。学生解决项目问题,不仅仅需要地理学科的知识,更需要其他相关学科知识的支撑。项目学习有效地克服了传统分科课程及其教学方式的不足,使各学科知识有效地衔接与融合,促使学生进行深度学习,并形成良好的学习生活习惯、积极的情感态度和价值观。因此,项目教学的任务情境不仅具有复杂性,更重要的是承载着育人价值,服务于学生核心素养的培育。

(二)确定任务群,设置任务驱动

项目教学的学习情境来源于真实生活,真实生活中的情境不可能只涉及单一的学科知识,必然对应着复杂的、综合性的知识与技能。为了更好地解决项目大主题,学生要对主题进行深度解剖,在教师的引导下,根据自己的兴趣爱好自主确定若干任务群。任务群可以将这些复杂的、涉及不同学科的知识内容整合形成一个相互依存并紧密结合的系统,在这个系统中各要素相互聚集、相互协调,发挥出巨大的教育力量。学生自主确定具有实践性、探索性且有意义的任务群,设置任务驱动。如此有利于激发学生在现实情境中探究解决复杂任务的兴趣,促进核心素养的提升。对于以上情境,学生可能会产生诸多疑问,如图1。

图1 "城市缺水与内涝"学习任务群

学生通过头脑风暴记录需要探究的各种问题，根据自己的兴趣爱好以及认知基础将不同的问题分类，确定任务群，并将需要解决的任务划分为不同的探究阶段，制订每一阶段的项目目标定位、项目实施策略、项目评价方式、项目成果类型等内容。

在这一阶段，学生在充分讨论的基础上，探究问题的难度层层递进，问题的深度不断扩展、加深。在任务一中，学生能够掌握解决此项目需要的水循环基础知识，在充分认识水循环的基础上通过任务二探究城市缺水与内涝的原因，认识其本质在于城市路面影响了雨水的下渗，寻找解决城市雨水下渗难的措施，进而通过任务三探讨水资源的开发与利用。三项任务之间相互关联，形成解决项目主题的任务群。学生在解决问题的过程中会发现任务之间的联系，有利于形成结构化的思维网络，突出学科内容的关联性和结构性。

（三）项目推进

项目实施与推进是项目教学的中心环节，也是学生自主参与学习、通过搜集资料等多种方式尝试解决问题的环节。教师可以根据学习的内容进行讲授，帮助学生搭建"脚手架"，以便项目研究高效地推进。[2]在这个环节中，项目小组成员之间进行合作、交流、质疑、探究等多种学习，参与多样化的活动，学习内容与学习方式趋向多元化。

任务一：调查城市雨水的来龙去脉

学生走出教室，通过互联网搜集资料，或者走上街头调查居民对雨水的看法，实地考察城市雨水的来源、去向以及利用状况。通过调查，学生发现城市雨水来自大气降水，流向河流、湖泊。那么，城市雨水究竟是怎样实现循环的呢？

为了更好地解决这个问题，学生搜集本地的气候、河流等相关资料并通过实验的方法加以印证。实验探究烧杯中小水滴的变化。通过小组合作的形式开展实验任务，学生观察烧杯中的小水滴变化的情况并记录思考。教师通过不断添加实验限制条件的方法训练学生的综合思维。实验步骤如表 1。

表 1　城市水循环模拟实验步骤

实验步骤 1：在烧杯中装入热水，用记号笔标出液面的位置，用酒精灯加热，预测液面的变化	预测记录：
实验步骤 2：改进实验，如何借助工具使蒸发的水再回到烧杯中	推理线索：
实验步骤 3：继续改进实验，如何使烧杯中的水转移到烧杯外装有沙土的烧杯中，并观察盛有沙土的烧杯中水滴的运动	图示轨迹：

教师引导学生将空间视角放大，思考与探究水在自然界中是如何变化的，引出水循环的概念；学生通过绘制水循环示意图掌握水循环的各个环节，认识自然界中的水能够实现自然的循环。

学生在社会、网络等开放性的环境里，通过自我思考、自主制订学习计划、自主探究等多种方式寻找问题答案，注重体验性、探究性。教师适时引导，有利于学生根据驱动式问题情境梳理解决问题所需的学科知识、技能。在完成任务的过程中，学生不仅学到了水循环的相关知识，而且也重新建构了气候、河流等与水循环的联系，建立起知识脚手架，为进行下一步项目探究做好铺垫。

任务二：探究"不听话"的城市雨水

通过任务一的学习，学生的思维更加活跃，教师进一步引导学生思考：

既然城市中的雨水能够实现自然的循环，为什么还会产生缺水与内涝呢？该怎么解决呢？学生意识到，城市的硬化路面可能改变了水循环的径流与下渗环节。为了更好地阐述其中的缘由，学生通过各种方式寻找解决问题的措施。

每个项目小组根据搜集的资料提出自己的解决方案，开展班内辩论会，各小组就自己的方案进行阐释，说明方案的理论依据、发展前景，其他小组提出疑问，项目小组之间充分交流。

辩论会中，有的小组提出在城市里修建水库，将地表径流引入水库；有的小组提出在城市里多开辟绿地种草种树；有的小组提出通过修建透水路面、雨水花园等方式将水储存在地下，建设海绵城市。学生经过质疑辩论后认为，在城市里建水库、修绿地不可行，一方面，城市面积有限，修建大面积的水库、开辟大面积的绿地根本不现实；另一方面，会改变地表形态，破坏生态环境。经过充分讨论，学生认为建设海绵城市是最可行的方法，进而引发对海绵城市的思考。

项目教学是学生自主完成复杂任务的过程，学生利用多媒体工具、网络或者社会资源自主习得知识，实现从知识本位、学科本位向素养本位、学生发展本位的根本转型。[3]在辩论会中，学生的主体地位得以充分展现，各小组通过探究、合作、交流与质疑，寻找解决城市缺水与内涝的措施，这改变了直接告诉学生答案让学生机械记忆的教学方式，有利于学生形成科学的思维架构，并能应用于生活实际，培养学生高层次的思维能力。

任务三：漫谈城市水的开发与利用

通过任务二的学习，学生对海绵城市有了初步认识，对海绵城市如何实现水的开发与利用有了进一步探究的欲望。运用在前面任务中学习到的知识，学生探究讨论，项目主要围绕以下几个问题展开：

①海绵城市系统是如何组建实现水循环的？
②济南市适合建设海绵城市的区域符合什么特点？
③建设海绵城市需要综合考虑哪些因素？

④海绵城市的建设对泉水会不会产生影响？

⑤海绵城市收集的雨水可以在哪些方面利用？

⑥我能为海绵城市建设做些什么？

学生通过各种途径搜集资料分析海绵城市建设的效益，建构海绵城市示意模型，撰写小论文，并深入思考人与自然的关系，分析人类活动对水循环的影响，树立起正确利用水循环的自然规律、实现人类与环境和谐发展的观念。这培养了学生的人地协调观、综合思维，让学生意识到城市的发展方向与水资源的开发利用方式密切相关。

项目教学打破了碎片化的知识状态，将问题的最初状态还原给学生，在知识之间建立起横向与纵向的融合。学生经历具有复杂性和挑战性的项目任务解决过程，不仅将思维结构中已有的知识经验融会贯通，并在此基础上探究学习"海绵城市"的知识，自主建立起知识与技能之间的联系，建构起关于项目主题结构化的知识网，形成解决某一类问题的思维路径，并能够迁移应用到其他情境中，最终实现各种能力与素养的提升。

（四）项目成果展示

通过项目学习，学生对水循环的过程与环节、海绵城市的建设等相关知识都有了深刻的理解，项目成果的展示方式是多种多样的，如水循环示意图、海绵城市模型、实验报告、水循环探究小论文、视频等。

二、项目教学评价

项目教学评价要以项目教学目标为依据，以核心素养的达成度为标准，针对不同的学习内容，建立多种基于核心素养的评价量表，如项目选题评价表、学生活动评价表、项目作品评价表和项目综合评价表，采用多种评价方法，实现评价内容与评价方式的多元化。评价伴随整个学习过程，通过对学生参与项目过程和结果的评价，引导学生学习的方向，增强学生的课堂参与度与探讨问题的深度。以任务一的实验探究为例设计的评价量表见表2。

表2　学生实验探究评价量表

任务	学生表现	核心素养等级	自评	互评	师评
水循环实验探究	研究前期能根据探究的内容利用相关技术或工具搜集相关资料，并设计简单的实验方案；研究过程相对完整，能在他人的帮助下完成实验过程；能简要解释研究结果	水平一			
	研究前期能熟练地运用相关技术和工具搜集不同方面的信息，科学地设计实验方案、准备实验器材；研究过程完整，小组成员协作交流，自主解决遇到的问题；能科学合理地解释研究结果	水平二			
	研究前期能设计复杂的模拟实验，搜集资料全面，能够预料到可能的情况并做出预案；研究过程中能自主解决遇到的问题，小组成员高效协作，并能发现更多探究主题之外的知识与技能；科学地解释和评价研究结果，并能将结果应用于实际问题的解决	水平三			

在项目教学中，学生通过对话、协作，将自己探究过程中所表现出来的认知与思维方式、对问题的观点、问题解决的思路以及困惑充分外显化和可视化，有助于教师发现学生的迷思概念和零散知识，了解学生头脑中的思维运作，推知学生在完成项目中的表现、问题解决能力以及核心素养发展的状况。这样，教师不仅可以清晰有效地评价学生的学业成就与非学业成就，更可以通过作品展示来评定学生的学习程度。以项目成果评价为例设计的评价量表见表3。

表3　项目成果评价量表

任务	学生表现	核心素养等级	自评	互评	师评
项目成果	成果主题与项目内容相关，能在他人的帮助下顺利完成项目，能通过作品表达对项目的理解；能在一定程度上反映地理思维和情感；小组成员能顺利地进行合作探究	水平一			
	项目成果主题具有一定的创新性，凸显对项目内容的理解；小组成员能自主完成项目作品；能体现地理思维和情感；小组成员能积极地进行合作交流	水平二			
	项目成果主题突出，完成度高，具有较高的创新性，高度表达对项目主题的理解性；蕴含全面的地理思维以及高尚的情感、态度和价值观；作品完成过程中小组成员高效协作交流	水平三			

三、项目教学反思与总结

通过对项目的探究，学生完成各种具有挑战性的复杂且真实的任务，不仅对知识的本质有了更深刻的认识，而且有利于促进自身发展所必备的品格、关键能力的形成，实现核心素养的提升。通过本教学案例，架构起项目教学的实施路径——项目情境创设、项目任务群确定、项目推进与实施、项目成果展示，项目评价贯穿整个教学过程。在完整的教学路径和不良结构的真实任务中，学生的知识技能、思维方式等都发生了实质性的变化。

项目教学是一种操作性和体验性较强的教学方式，它是培育学生核心素养不可或缺的途径，但仍需要进一步探索，充分实现其独特的育人价值。

参考文献：

[1] 美国巴克教育研究所.项目学习教师指南——21世纪的中学教学法（第2版）[M]. 任伟，译.北京：教育科学出版社，2008.

[2] 许萍.以项目学习促进学生核心素养发展——中关村第四小学"项目学习"的设计与实施[J].基础教育课程，2016（19）：26-32，55.

[3] 杜玲玲，吕晓丽.学生核心素养与教育评价改革——中国教育学会基础教育评价专业委员会2016年学术年会综述[J].教育测量与评价，2016（12）：9-16.

基于项目化学习的高中地理实践活动设计与实施
——以"福州市上下杭旅游开发条件探究"为例

朱枭雄[①]　**刘恭祥**[②]

《普通高中地理课程标准（2017年版）》（以下简称"课程标准"）对高中地理实践活动高度重视，将"地理实践力"作为地理学科核心素养之一，并且在"课程目标""课程内容"和"实施建议"中分别对地理实践的相关内容做了要求。高中地理实践活动是学生在真实、复杂的情境中，应用所学的高中地理知识、技能和方法解决实际问题，关注的是地理学科的实际应用。[1]传统的地理实践活动设计主要关注特定地理技能的培训、操练，或碎片、零散的知识应用，虽然在一定程度上可加深学生对部分知识的理解，但对学生如何在真实、复杂的情境中应用、迁移知识以及在此基础上创造、创新则明显关注不够。

项目化学习是学生在驱动性问题和情境的促使下，在一定时间内通过实践探究，解决一个复杂的问题、困难或者挑战，从而在这些真实的经历和体验中习得知识和技能的学习模式。它包括如下关键要素：指向学科的核心概念和知识，驱动性问题的解决贯穿项目化学习始终，持续性的实践探究活动和形成公开可见的成果。[2]想要有效发挥地理实践活动的育人功能，项目化学习是一种有益的尝试。教师在传统地理实践活动"目标—方案—实践"的基础上，围绕学生身边的乡土地理问题，设计了基于项目化学习的高中地理实践活动框架（图1）。为保证研究结果的真实性，本研究设置实验班和对照班，在实验班的教学中实施基于项目化学习的高中地理实践活动；对照班与实验班成绩整体相当，并且开展同一主题的传统地

[①] 朱枭雄，广东省东莞市第一中学地理教师。

[②] 刘恭祥，福建师范大学地理科学学院副教授、硕士生导师。

理实践活动，用以进行实施效果的对照。

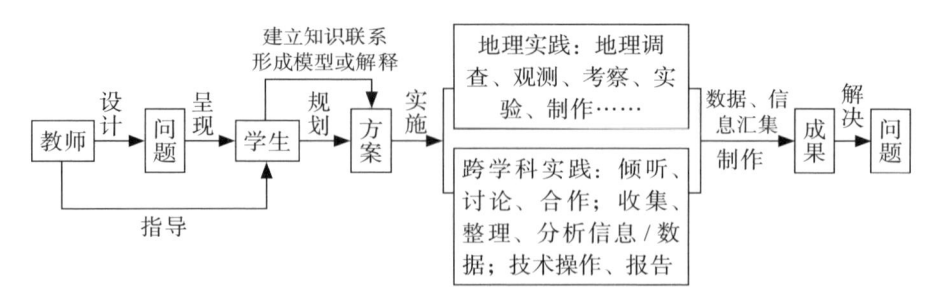

图1 基于项目化学习的高中地理实践活动框架

一、基于项目化学习的高中地理实践活动

为了更详细、完整地阐述基于项目化学习的高中地理实践活动设计与实施过程，本文以"福州市上下杭旅游开发条件探究"项目为例，分别从项目设计、项目实施、项目成果交流与总结三个方面展开说明。

（一）项目设计

项目设计首先需要教师基于课程标准、教材内容和学生情况提出项目主题，项目主题最好能让学生有一定的选择机会。然后，教师根据选定的项目初步构建项目中可能涉及的知识内容体系和实践活动，据此进行教学目标设计。此外，教师还需要将项目内容涉及的核心知识，即本质问题转换为驱动性问题，同时设计情境，将驱动性问题囊括其中。最后，针对项目的教学目标和驱动性问题，教师对项目实施的流程、方案及过程性评价等进行详细规划和完善。根据已有研究成果和实践经验，可以构建的项目设计流程如图2所示。

1. 项目确立

为引导学生在真实情境中尝试应用地理知识解决现实问题，促进其对乡土地理问题的关注和对家乡优秀文化的认同与传承，培养学生的地理学科核心素养，我们研究整合"地图""地域文化与城镇景观""城镇的内部空间结构""服务业的区位因素"和"旅游资源的开发条件评价"等相关知识点，确定了"旅游开发"这个主题。经过反复讨论，设计了以"福州

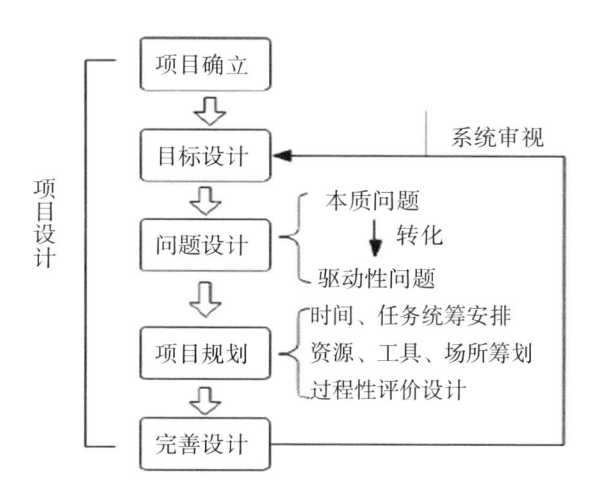

```
         ┌─── 项目确立
         │      ↓
项        │    目标设计 ←──── 系统审视
目        │      ↓         ┌─ 本质问题
设        │    问题设计  ──┤   ↓ 转化
计        │      ↓         └─ 驱动性问题
         │    项目规划 ──┬─ 时间、任务统筹安排
         │      ↓        ├─ 资源、工具、场所筹划
         │              └─ 过程性评价设计
         └─── 完善设计
```

图 2 项目设计流程

市上下杭旅游开发条件探究"为主题的项目化高中地理实践活动。在项目中，学生主要通过云调查、实地考察和社会调查等实践形式来获取信息和数据，并通过进一步整理和分析，对上下杭旅游开发的条件进行探析，最后提供不同形式的成果，以此来为福州市上下杭的合理开发和规划建设贡献一分力量。

2. 目标设计

项目围绕地理学科核心素养，确立了以下学习目标：

（1）能够搜集有效信息，从空间格局角度对福州市上下杭街区的自然环境和社会经济状况等区域性特征进行分析。

（2）能够从地方综合角度，结合当地自然因素、社会经济因素等多个方面，对上下杭旅游开发条件的优势、弱势、机会和威胁因素进行综合分析。

（3）能够认识到自然地理环境和社会经济因素对旅游开发的影响，懂得因地制宜进行旅游开发的重要性。

（4）能够与他人合作，设计与实施云调查、社会调查和实地考察活动方案，收集到大量有效的信息、数据和资料，并且能进行有效的加工和处理。

3. 问题设计

围绕"区域旅游开发应注意的因素"这一融合了区域认知、人地协调观、综合思维和地理实践力的核心问题，结合具体情境，教师首先将其转换为更能吸引学生的驱动性问题："福州市政府斥资24亿元收购原先破败的上下杭街区，街区经过修复改造后焕然一新，市文化和旅游局将其作为古厝风景之旅的精品线路主推。我们能否帮助政府，将上下杭街区的旅游条件再进一步充分挖掘出来，促进其旅游业发展，使其成为台江区乃至整个福州市新的经济增长点呢？"

4. 项目规划

本项目的各个阶段及其开展形式与地点、任务、所需工具和资源、教师支架规划安排见表1。

表1 项目规划表

阶段	开展形式与地点	任务	所需工具和资源	教师支架
第一阶段（1课时）	课上，室内	入项活动	多媒体、学案	多种媒介呈现，引导学生入项
		规划方案	教科书、教辅资料及其他参考书	引导学生制订合理的实践活动方案
第二阶段（4周）	课下，上下杭街区、室内	活动探究	手机、电脑、网络、班级标识、水、食品	提供信息和数据搜集方法；问卷编制，访谈提纲编写指导；户外考察注意事项培训
		作品制作	电脑、网络和办公软件	信息和数据统计与分析培训；项目成果制作指导
第三阶段（1课时）	课上，室内	展示交流	多媒体，展板或展架	引导学生相互取长补短，相互借鉴
		总结评价	多媒体，网络	引导学生认识自己的不足，并积极完善个人成果

该项目的过程性评价设计侧重于学生在项目中的参与意识、合作表现和行动能力等方面，终结性评价侧重于学生对地理核心概念、知识的理解和掌握情况，以及"区域认知""综合思维"和"人地协调观"素养在项目成果中的体现。

（二）项目实施

项目实施包括从教师向学生提出问题到学生制作成果直至问题解决的全过程，主要有入项活动、规划方案、活动探究和作品制作四个步骤（图3）。在这个过程中，学生是探究和实操的实践者，教师是指导和支持的引导者与管理者。

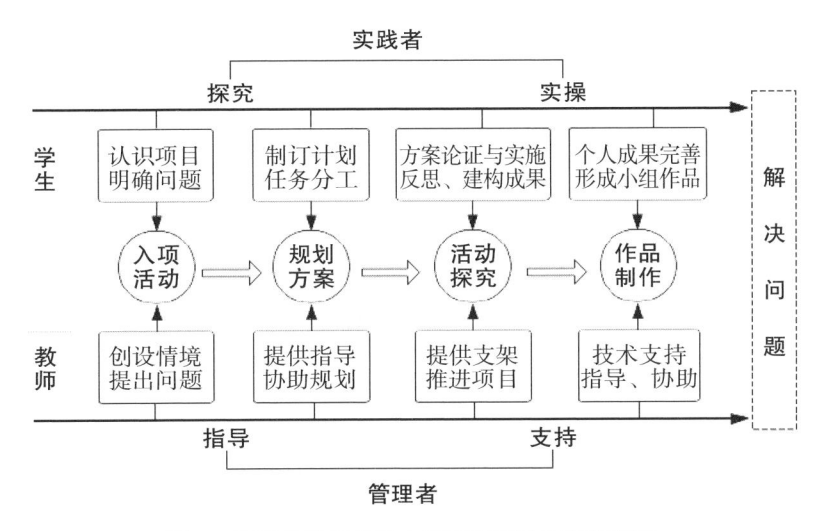

图3 项目化学习的高中地理实践活动实施流程

1. 入项活动

（1）呈现问题情境

教师借助多媒体工具，以视频、图片等多种媒介形式呈现问题情境：

明清时期，上下杭水陆交通便利，加之人口增长，该地区商业迅速发展，一度成为福州市的商业中心。近现代以来，随着泥沙不断淤积，上下杭地区原有河道航运功能丧失，加之铁路、公路、航空等现代交通方式快速发展，福州市开发重点北移，上下杭街区逐渐没落成了一片旧屋区。2014年，福州市投资约24亿开展上下杭街区保护修复工程。经过修复改造后的上下杭街区于2018年9月30日正式开街。如今，上下杭街区焕然一新，虽然其商业中心地位与中亭街、东街口等地远不能比，但能否借助其独特的历史和文化价值，通过旅游开发，再次实现兴盛呢？我们能否帮助政府，将上下杭街区的旅游条件充分挖掘出来，促进其旅游业发展，使其成为台江区乃至整个福州市新的经济增长点?

（2）解构驱动问题

教师引导学生聚焦"旅游开发条件包括哪些内容""从哪些方面能够全面展示这些内容"等问题，引入优势、劣势、机遇和挑战（即SWOT）分析法，引导学生基于旅游开发条件分析，对该区地理位置、交通条件、基础设施和客源情况进行调查，对该区历史和文化价值进行探析，同时还需结合国家战略、政府相关政策，以及周边景点的组合情况等进行综合考量。

2. 规划方案

教师将全班47名学生按照"组间同质，组内异质"的原则分为四组，每组约12人。各组按照其选择的项目成果形式规划实践方案，即明确通过什么样的实践活动获取哪些有用的信息，从而完成项目成果制作。在教师的指导下，学生完成实践活动方案规划（表2）。

表2　学生实践活动方案规划

项目活动	活动内容	地点	时长
上下杭旅游开发条件云调查	搜集关于上下杭的图书、论文、概述和政策等资料	学校图书馆、家里	1周
上下杭旅游开发条件实地考察	考察上下杭的基础设施、建筑古迹和交通条件等	上下杭街区内	2周
上下杭旅游开发条件社会调查	调查上下杭的游客、商户和工作人员	上下杭街区内	2周

3. 活动探究

（1）上下杭旅游开发条件云调查

学生在课余时间利用互联网搜集关于上下杭旅游开发条件的相关资讯。这一活动一方面可以让学生对问题情境有更清晰和完整的认识，另一方面可以帮助学生初步构建思维框架，为后续实践活动方案的设计与实施提供参考。

各组经过为期一周的网络资料搜寻，共搜集到以下阶段性成果：关于上下杭的百科读物、政策性文件、电子图书和期刊论文等。各小组将搜集到的资料进行整理分类，编入相应文件夹中，汇总为资料包并上传至班级QQ群中，形成班级共享资源。

（2）上下杭旅游开发条件实地考察

上下杭旅游开发条件的实地考察需用时两周，分三个阶段进行。第一个阶段为学生对调查内容、任务分配、物资和任务卡等进行规划。第二个阶段为学生对上下杭进行实地考察，时间是周末，耗时一天。考察内容包括对已经在网上搜集到的资料进行拍照、录像和文字记录取证，并从发掘优势、劣势、机遇和挑战的角度考察整个上下杭周边的交通条件、基础设施等区内情况。第三个阶段是对之前搜集的资料进行整理和汇总，对发现的新问题及时研讨和解决，并及时总结活动经验，为下一阶段的社会调查提供参考。对上下杭街区进行实地考察后，各小组汇总了关于上下杭建筑、景观、交通条件和基础设施等方面的考察资料。

（3）上下杭旅游开发条件社会调查

上下杭旅游开发条件的社会调查需用时两周，分三个阶段进行。第一个阶段为编制问卷、设计访谈提纲。为了更加准确地获取所需信息，师生共同研讨后分别制订了针对游客、商户和游客接待中心工作人员的不同调查问卷和访谈提纲。对游客的调查主要是为了获取上下杭客源市场、知名度、游客满意度和通勤时间等相关情况；对商户的调查侧重于上下杭的基础设施条件、客流分布时间和经营情况等；对接待中心工作人员的访谈主要围绕上下杭游客数量统计、规划发展、投诉和建议等情况。第二个阶段为实践行动，利用周末时间，耗时一天。各小组分别对游客、商户和接待中心工作人员进行调查。第三个阶段为统计和分析。在社会调查结束后，学生整理回收问卷、访谈笔记及录音，教师及时指导学生运用统计软件对问卷进行初步统计和分析。为了使调查结果更加科学准确，各小组将调查数据共享，并互相交流各组的访谈情况。

4. 作品制作

学生利用课余时间，将这一段时间内通过实践所获得的数据、资料等内容以及整理和分析后形成的结论，选择本组认为适宜解决驱动性问题的成果形式，利用办公软件制作出来。经过为期一周的制作和完善，各小组呈交了小论文、调查报告、宣传手册和宣传PPT等成果，内容包括上下杭街区开发的优势、劣势、机遇和挑战以及相应的对策建议。

（三）项目成果交流与总结

利用课堂教学时间完成成果交流展示，耗时1课时。各小组代表依次陈述研究过程、阶段性成果和项目最终成果等内容。教师、学生与公众分别对各小组成果展示情况进行评价，最后由教师将各部分成绩按照一定比例统计并公布。

二、基于项目化学习的高中地理实践活动实施效果与反思

（一）实施效果

1. 学生地理实践力得到有效锻炼和提升

此次基于项目化学习的高中地理实践活动贴近学生的生活，同时富有挑战性，提高了学生参与实践探究的积极性。在项目探究中，学生具备充足的探究时间和有效的教师指导，利用网络搜索、实地考察和问卷调查等多种途径获取信息或数据。参与实践活动的实验班学生在参与积极性、合作意识、网络搜集和处理相关信息、设计与实施实践活动方案、对工具的选择和使用等方面得分均高于对照班。在面对问题和困难时，实验班的学生更倾向于主动反思和合作解决。由此可以发现，基于项目化学习的高中地理实践活动更能发挥学生的行动能力，培养其意志品质。

2. 有助于培养学生的区域认知、综合思维

本项目主题选自学生身边的社会问题情境，学生可以通过识记、巩固地理核心知识和跨学科知识奠定问题解决的基础，进而设计与实施地理实践活动，并创造性解决真实的社会问题。在这个过程中，学生运用观察、调查等方法搜集所处地区的相关信息，有助于深入了解区域性特征并学会以区域为视角思考问题。通过进一步将上述信息分类处理和综合分析，学生可以从地方综合和要素综合方面着手形成解决问题的方案。

3. 有助于学生形成人地协调观

在项目探究中，学生学习的材料不再局限于教材、学案和教辅资料。学生通过实地考察、问卷调查等多种途径亲历社会情境，采用一系列研究方法和技术手段开展研究，形成用以解决社会问题的成果，并在相关学者和教师的指导下不断完善。这样的实践经历能够使学生深刻地认识到因地制宜进行旅游开发的重要性，并从环境保护、可持续发展的角度去思考、规划问题，进而促进学生人地协调观的形成。

（二）实施反思

1. 提早规划、多方合作，减轻任务

项目设计需要教师从多个方面、多个角度进行思考，综合考量后确立项目主题，设计驱动性问题，制定教学目标，进而规划项目进程，是一个工作量较大的任务。教师应提前做好规划，如对当地的乡土地理问题、新闻报道进行有意识的整理，形成项目资源库；也可以借助集体的力量，寻求教研组的帮助或咨询项目化学习工作坊。

2. 灵活安排、合理穿插，节省时间

本项目的时间跨度超过了一个月，这对于高中阶段紧凑的学习计划和有限的课余时间来说，显得有些耗时、费力。如果学生事先没有做好任务分工或遇到一些不可抗的因素，项目的时间还可能会进一步延长。教师可利用研究性学习、校本课程等活动将项目任务穿插其中，也可将其与教学进度相结合。另外，学校举行的大型活动如科技节、艺术节等也是很好的项目展示和交流平台，教师可以结合当地学校的实际情况，因地制宜地弹性安排。

3. 全程规划、多方协调，确保安全

项目探究给了学生更多的思考和动手空间，同时也增加了教学中的不确定因素，对教师随机应变能力和教学机智要求也会增高。另外，基于项目化学习的高中地理实践活动中包括一定时间的户外实践活动，学生面临的未知因素和突发状况也会增多。教师需要对项目实施的室内和户外每一阶段可能遇到的问题进行预设，并做好相应的预案，以确保项目能有条不紊地推进。另外，如果能获得学校、家长和社会等多方的支持，为各小组配置安全员，可有效降低学生在户外环境中开展实践活动的风险。

在基于项目化学习的高中地理实践活动中，学生通过自行设计活动方案、动手搜集和处理信息，形成解决驱动性问题的成果。在这个过程中，学生对地理核心知识、概念的理解更深入，地理实践力得到发展，能够在新情境中拓展迁移、创造性应用。这对学生行动能力的提升，意志、品质和创新精神的培养具有重要意义，是落实学生地理学科核心素养培育的一条有效途径，值得我们去尝试和探讨。

参考文献：

［1］龙泉.地理学科育人价值及其教学实现策略研究［D］.武汉：华中师范大学，2017.

［2］夏雪梅.项目化学习设计：学习素养视角下的国际与本土实践［M］.北京：教育科学出版社，2018.

重构学习单元，促进核心素养落地

程 菊[①]

核心素养是个体在解决复杂的、不确定性问题过程中表现出来的综合品质。这种综合品质的培养需要稍大的主题、项目、任务才能承载，一个个单独的知识点很难与核心素养建立关联，因此课程需要变革、需要重构。学生是学习的主体，课程内容要依据学生的发展需求进行架构，引导学生建立起知识、情境与生活的连接。在以往课程内容的建构中，更多考虑的是学生该学习哪些内容、哪些内容适合不同学段的学生学习，更多关注的是单个学习任务的结构与设计，较少从学生的认知水平、学习基础、学习过程等方面考虑课程内容的建构顺序与水平，对知识与知识之间的关联、知识与生活的关联关注度也不够，导致学生学习的系统性不够强。通过"学习单元"对课程内容进行重新架构，以学习者的需求、实际生活需要为核心组织教学内容，可以达到连接知识、情境和学生的目的，从而不断增强学生面对不可预知的未来的高级素养，特别是解决问题的能力。

一、学习单元重构的内涵与分类

1. 学习单元重构的内涵

学习单元以学习者为核心，以学生的知识背景为基础，以学科核心素养及其进阶发展为目标。教师应在细化课程标准的基础上，系统分析课程内容所承载的学生素养发展价值和社会应用价值，并根据学生的实际情况，将教学内容整合为具有一定主题的、结构化的学习单元。在学习单元中，引导学生针对某一主题所涉及的重要概念、原理和问题进行深度探讨，将学科相关知识整合在主题所形成的脉络与情境下，使学生获得综

[①] 程菊，山东省济南市教育教学研究院正高级教研员，特级教师，普通高中地理课标组核心成员。

合、系统的知识、能力和态度,并最终聚焦到家国情怀和完整人格的培育上。目前,多数研究集中于传统意义上的"单元教学"中,传统意义上的单元教学多以单元中的教学内容为载体,教师制定相应的教学目标或学习任务来进行教学。与传统意义上内容为王的"单元教学"不同的是:"学习单元"将以学科核心素养为依据,更加关注学生的认知水平与认知特点,依据学生的发展现状与发展潜力进行知识、技能以及情感等各要素的重组,突出学生的主体地位。

2. 学习单元重构的分类

学习单元是一组知识与技能之间彼此关联的、结构化的系列教学方式。在遵循课程重构的目的性、综合性和开放性的原则下,按照学习单元主题所涉及的情境、目标和内容的不同,可将学习单元重构分为以下几种类型。

(1)以学科知识体系为主题进行学习单元重构

此种学习单元重构按照教材的章节框架来组织,与教材的章节框架基本一致,更多是关注知识点与知识点之间的内在逻辑关系,具有层次性和递进性,呈现教材单元的特点。[1]按照学科知识体系进行学习单元重构的目的在于帮助学生形成完整的学科知识体系,促进知识的系统化与逻辑化。

(2)以核心任务为主题进行学习单元重构

核心任务紧密关联本学科的核心内容。教师通过确定本学科的核心任务,将教材中相似的主题教学内容进行整合形成学习单元,使学习单元呈现结构化、整体性和可操作性,进而促使学生发生学习迁移。以2017年版地理课程标准必修2为例,多条课程内容涉及"区位选择"的相关内容,我们可以结合相关课标的要求,将学习内容进行整合,重构学习单元。在"区位选择"的主题下又可以包含工业、农业与服务业的区位,交通运输路线、交通运输站点的区位。

(3)以生活中的现实问题为主题进行学习单元重构

按照生活中的现实问题进行学习单元重构需要学生运用跨学科的知识

和技能，打破学科之间的界限，有利于更有效地培养学生的综合思维。以现实真实问题"海绵城市"的学习单元为例，学生为了研究海绵城市建设的原因、效益等问题，需要调用城市规划、水循环的过程和环节、地势地形的特点、岩石类型等相关知识，具备野外考察、社会调查与实验模拟等多种能力，以及参政意识、建设家乡的意识。在学习单元中，这些知识、能力与情感也会得到进一步培养与升华。

综观三种学习单元重构方法，我们倡导基于核心任务或现实问题情境的学习单元重构。在深入研究课程标准、教材和学生实际情况的前提下进行学习单元分析、重构与整合，体现学习内容的"内在关联性"，让学生在单元中进行探究、表达与体验，充分发挥学生的主体地位。在此过程中引导学生发现知识、技能、素养之间横向与纵向的联系，培养学生的跨学科能力。学习单元重构的关键在于如何引导学生将这些零散的知识系统化、结构化，建构起学科大概念，培育学生的学科核心素养。这就需要教师研读课标，精选学习单元主题，充分考虑学生的认知特点与个性发展需求，凸显学生的学习过程，让学生在学习过程中逐渐发展学科核心素养、建立对知识与技能的理解，把学生的思维带到从未到达的地方，让学生感受到自我生命的成长与潜能的发挥。

二、学习单元重构的基本路径及方法

学习单元重构涉及学习单元情境、学习单元目标、学习单元活动、学习资源与评价等诸多要素之间的相互关系，如何处理好要素之间的关系是完成学习单元重构的基础（图1）。如何形成解决问题的思维方式、建构解决问题的基本路径是未来学习的重要方法。学习单元重构尤其重视情境的选择、目标的确定，以及任务的设置，在学习过程中让学生依据学习资源、评价量规等进行学习体验活动，通过厘清"清单式"课堂体系（目标清单——课堂要达成什么；任务清单——课堂要完成什么；资源清单——课堂要利用什么；工具清单——课堂要借助什么；诊断清单——课堂要测量什么；负面清单——课堂要规避什么）来达成促进学生核心素养发展的目的。以下提供一个学习单元重构的基本路径（图2），并逐一介绍其操作方法。

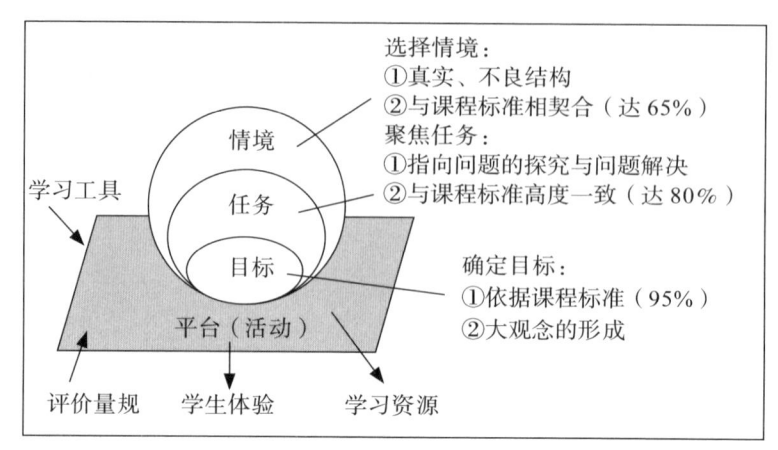

图1 学习单元重构要素关系示意图

图2 重构学习单元基本路径

（选择情境 ① ② 寻找任务 ③ 确定目标 ④ 设计活动 ⑤ 整合资源 ⑥ 实施评价与反馈）

1. 选择学习单元情境

学习情境是教学活动的起点，学习单元重构需要借助真实的问题情境，这个情境与社会生活相关联。真实的情境不仅能够让学生"知晓什么"，而且明白"能做什么"。[2]学习单元情境是将知识、技能与素养连接起来的纽带。从更深层的角度来看，学习情境同时也隐含了本节课的教学目标与学习任务，所以学习情境的选择应该是来源于真实情境的，更是与课程标准相契合的。

例如，在"探究农业区位因素的变化"一课中设置如下情境：

2018年以来，济南市南部山区管委会就卧虎山水库周边农业产业结构进行调整，支持苗木花卉和林果产业，鼓励群众通过内部土地流转建设苗木基地，逐步减少蔬菜种植面积。

此情境与生活息息相关，并且符合课程标准的要求。通过设置这样的学习情境引导学生对农业区位因素进行探究，在真实的案例情境中发现影响农业区位变化的因素；通过这种真实情境培养学生关心、热爱家乡和参政议政的意识；同时，将社会主义核心价值观自然渗透在教学中，完成教育的育人功能。

2. 寻找学习单元任务

学习单元任务指向问题的探究与解决，任务的确定必须与课程标准的要求高度一致，还要考虑到学生的认知基础与发展潜力、学科教学的基本要求。同时，学习单元任务的确定必须来源于学习单元情境，通过对真实情境的探究分析，学生需要从中确定出若干子任务，并依据相关要求整理建构成任务群，在此过程中学生会整合相关知识，建构思维路径。学习单元任务不仅是对不良结构情境的提炼，更是实现单元目标的载体，学生在任务中会不断地完成一个又一个学习目标。因此，任务是情境与目标的联结，既要关联情境，又要隐含学习单元目标，从学习单元情境中衍生出来，又派生到学习单元目标中去。通过对学习单元任务的分析，可以准确把握学科教学的重难点、学科核心素养的要求，以及教学课时的安排。如在上述情境中可以确定以下任务：任务一：回首过去——探究早期卧虎山周边农作物种植类型的转型；任务二：发展花卉种植 vs 扩大蔬菜种植论证会；任务三：我为"三农"献计策。通过一系列任务引导学生加深对区位因素的认识，突破教学的重难点，让学生在做中完成学习任务。

3. 确定学习单元目标

学习单元目标要立足于学生，着眼于学生的持久理解，并使学生能够迁移应用到新情境中，通过学习目标的达成度来衡量学生核心素养的发展水平与程度。在确定学习单元目标时我们可以采用逆向思维，即首先确定预期的学习结果，学生在学习活动中应该知道什么、理解什么，或者能够做什么；其次为了衡量学生学习目标的达成度，需要给予学生资源的支持，并确定合适的评估证据，如在学习活动中设置社会调查报告、实验探究、作品制作等环节，通过收集评估证据确定学生是否已经达到了预期的理解目标。以下提供一个重构学习单元目标基本路径示例：

学习目标：能运用×××规律，解释调查的×××；通过分析调查结果×××，加深对×××的理解；能够正确解释、评价×××。

⬇

预期目标：能在×××环境下，完成调研任务，通过观察、分析、比较、判断×××，呈现一份内容翔实、图文并茂、有分析、有推理×××的一份调研报告。

⬇

过程支持：量规——帮助大家更好地规划和完成任务；调研报告形成——标题、摘要、调查内容、对比结果、参考文献等；参考资源——调查前需要思考的问题、脚手架、工具等。

另外，教师还要明确学习单元目标的表述方式，依据课程标准分析行为表现，确定行为条件和行为表现程度，设定层次清晰、可行性强的学习单元目标。

4.设计学习单元活动

在明确了学习单元目标后，教师需要全面考虑学生将通过何种学习活动获得相关的知识与内容，重构学习单元时重视学生能力与素养的自主生成。核心素养的培养、知识的习得需要借助各种学习探究活动来实现。在设计学习单元活动时，教师要着重思考以下问题：哪些活动可以使学生获得所需的知识和技能？在学习活动中学生需要哪些支持性的资源？需要指导学生做什么？如何借助最恰当的方法开展教学？[3]这就需要教师寻找1~2个适切的真实情境，通过引导学生对真实情境的分析提出基本问题，并进一步将基本问题转化为任务群，确定核心任务。在上面提到的学习任务中可以设置以下活动：社会调研——探究影响农作物区位选择的因素有哪些；开展论证会——说明你的观点并阐述理由，论证其可行性（在说明可行性的过程中着重阐述蔬菜或者花卉种植的有利条件或不利条件）；引导学生通过小组合作探究的方式，探究卧虎山水库周边农业的发展方向。依据核心任务设置学习活动，在学习活动中充分发挥学生的积极主动性，让学生通过体验去建构自己对知识的理解。

5. 整合学习单元资源

在学习过程中，为保证学生探究的高效性、合理性，教师需要对各种资源进行有效配置，为学生提供支撑性的材料和资源，如提供学习资源、开发工具、开发评价量规、创造性地使用教材等（图3），通过资源的配置引导学生的探究方向。

图 3　学习单元资源配置

6. 实施学习单元评价与反馈

学习单元评价与反馈包括两层含义：一是根据学习单元目标要求以及不同的学习情境，对学生的学习结果、行为、情感与态度进行价值判断；二是对学习单元重构的效度进行评价，评价重构的学习单元在引导学生知识学习的系统性、大观念的建构，以及核心素养发展等方面的作用，引导教师对不适合的学习目标或任务及时进行修正。学习单元评价的方式可以以编制的量规为载体，采用表现性评价、思维结构评价等评价方式，引导学生和教师总结反思所体验到的经验，并对所获得的经验进行加工与重组，实现教师与学生双方的共同成长与进步。

三、学习单元重构应注意的问题

重构学习单元以落实学科核心素养为目标，在细化课程标准的基础上系统分析课程内容所承载的价值，根据学生实际情况整体设计以主题为中心，实现学生学习的学习单元。在学习单元重构的过程中要注重从整体上架构，使其具有结构化和可操作性，具备相关性、阶梯性和整体性，并注意遵循以下基本思路。

1. 不脱离学科课程标准，注重课程标准内部各要素之间的一致性

课程标准对学生学习的内容以及学习程度都做出了明确的规定，课程标准是进行学习单元重构的基础，任何学习单元都不能脱离学科课程标准而存在。为了有效帮助学生发现知识之间的意义，完成教学目标，往往需要对课程标准或教材顺序进行改造，突破教材的约束，创造性地对课程标准的内在逻辑和联系进行分解和设计，找出课程标准中具有共性或者具有递进性的要素，进行学习单元重构的整体设计。

2. 融入核心素养，明确学科核心素养的要求

学科核心素养是新一轮基础教育改革要求学生应具备的关键品格与必备能力，在学习单元中要融合学科核心素养的要求，以学科核心素养的落实为引领，引导学生充分体验学习过程，聚焦知识建构，学会分析问题、解决问题的思维方法，让学生发现意义，培养学生迁移应用的能力与开拓进取、知难而进的意志品质，进而撬动课堂转型。

3. 凸显学科大观念，促进学生的深度学习

在进行学习单元重构时，需要对学习内容与学习要求进行重新审视，重点思考以下几个方面的问题：最重要的学习内容是什么？各部分之间是如何衔接的？我最应该关注哪些内容？哪些内容是最不重要的？如何通过学习单元培养学生的大观念？通过对知识的灵活处理，架构整合不同的学习单元，打破碎片化的知识状态，让学生在学习单元中建构大观念，发挥大观念的教育价值。

参考文献：

[1] 李莉.单元活动：连接知识、情境与儿童——研制《学科单元教学指南》的思考与实践[J].上海课程教学研究，2017（2）：29-32.

[2] 钟启泉.单元设计：撬动课堂转型的一个支点[J].教育发展研究，2015（24）：1-5.

[3] 格兰特·威金斯，杰伊·麦克泰格.追求理解的教学设计[M].上海：华东师范大学出版社，2017.

以核心概念为中心的地理单元教学设计

曾早早[①]

如何让学科核心素养落地，是一线教师和学者都关注的话题。"单元教学"被认为是落实核心素养的重要途径之一。[1]具有整合性的单元能够帮助学生形成对学科的深层理解，有助于学生学科核心素养的形成。因此，如何将零散的学习内容整合成单元，是单元教学设计的重点与难点。

核心概念（也称学科大概念），因其具有上位的整合性而被认为可以运用到单元教学设计中，能够将零散的内容整合为具有结构性的教学单元。在目前已有的相关研究中，不同学者探讨了基于核心概念（或大概念、大观念）的单元教学设计思路与方法，提供了一线教学中实施单元教学设计的路径。[2][3]但目前围绕核心概念进行单元教学的研究仍有待进一步细化和深化，既需要明确核心概念如何逐级分解以体现在具体教学内容中，也需要借助核心概念统摄下的概念体系以建立起单元之间的联系。本文拟通过构建地理学核心概念之一的"区域"核心概念体系，并选取其中"区域含义"子概念来进行高中地理教学单元设计，期望为运用核心概念进行单元教学设计提供清晰的操作路径与实践方法。

一、核心概念对地理单元教学的意义

核心概念与大概念、大观念等含义基本相同（因大概念有跨学科大概念与学科大概念之分，为有所区分，本文将学科大概念表述为核心概念），构成学科知识的骨架，体现学科本质的核心思想与方法，是一个学科中最有价值的知识的体现。核心概念对地理单元教学的意义体现在如下方面。

（一）核心概念是连接学科核心素养与教学内容的桥梁

核心素养与具体教学内容之间具有"上位"和"下位"的关系。相对

---
① 曾早早，北京教育学院数学与科学教育学院地理系主任，副教授。

而言，学科核心素养处于上位层级，体现了最具有育人价值的学科思想方法，而教学内容承载了具体的知识点，处于下位层级。如何将上位的核心素养与下位的具体内容关联起来？关键在于搭建起能贯通上下的桥梁，笔者认为，核心概念体系能起到这样的作用。一方面，核心概念具有上位统摄性，能支撑起对学科核心素养的理解；另一方面，核心概念所架构起的层级概念体系能够从上而下将学科核心素养逐级分解、下降并落实到教学内容中。

《普通高中课程方案（2017年版2020年修订）》中提到"进一步精选了学科内容，重视以学科大概念为核心，使课程内容结构化"，表明了核心概念（即学科大概念）在学科核心素养与课程内容之间的媒介作用（图1）。核心概念作为"概念聚合器"[4]，其重要的价值在于能够聚合起许多概念，形成具有上下位层级的概念体系，建构起整体的知识结构。核心概念体系的构建，使得学科核心素养不断分解，使其与具体知识点的关联成为可能，也为学生理解具体知识点背后的学科思想方法提供了途径，符合核心素养的培育要求。因此，核心概念上能触及学科核心素养的要求，下能直接关联起教学内容，成了连接学科核心素养与教学内容的桥梁。

| 学生发展核心素养 | 地理核心素养 | 地理核心概念 | 地理课程内容 |

图1　核心素养与核心概念、课程内容的逻辑关系

（二）核心概念是组织单元内容的重要手段

单元教学提倡将教学内容进行整合，组成具有一定学习主题的结构化内容，其之所以被认为是培育核心素养的重要途径和方法，缘于其整合性和结构性，这与核心概念的特点不谋而合。无论什么类型的单元，都需要对教学内容进行选择和重构。尽管教学内容的组织形式很多，但以核心概念为中心进行单元内容的组织与整合，不仅能够梳理出单元知识间的逻辑关系，更能打通单元具体内容与学科核心素养的关联，帮助学生深度理解单元学习主题。因此，核心概念成为组织单元教学的重要手段之一。

（三）核心概念是不同单元之间的"黏合剂"

从学段角度来看，整个初中或高中教学都可以由一个个教学单元组成，每个单元内部的教学内容都能够呈现出一定的逻辑结构，解决某个主题的具体问题。但如何将不同的教学单元连接在一起，构成初中或高中甚至初高中一体化的体系以达成综合培育核心素养的要求，是值得探讨的问题。笔者认为，核心概念统摄下的层级概念体系，能够成为将不同的教学单元组织起来的"黏合剂"，使其构成一个完整的整体（图2）。核心概念能够反映学科核心素养的要求，并且能自上而下进行分解，形成若干子概念，每一子概念可以由概念性理解来进行阐释，向下又可统摄若干具体概念，与具体知识点一一关联，建构起以核心概念为中心的概念体系。教学单元针对某个具体主题的具体问题，依靠核心概念体系中的某一子概念体系来组织内容结构，即图2中的单元1通过核心概念中的子概念1来建构知识体系；各单元之间则需要靠核心概念体系来建立关联，即单元1和单元2的关系由核心概念体系来揭示。可见，通过核心概念体系，学习主题明确的众多单元能够黏合成为一个整体，从而实现学科核心素养的整体培育。

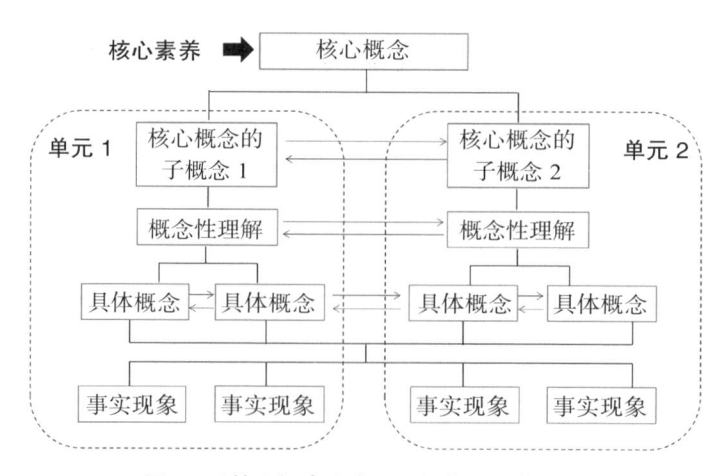

图2 以核心概念为中心组织单元教学示意图

二、以核心概念为中心进行地理单元教学的路径

以核心概念为中心的教学，意味着单元教学的核心任务是帮助学生通过具体事实现象来习得概念性理解，并通过数个单元的学习最终建立起对核心概念的完整认知。比如，在学习"产业转移"时，不仅仅要通过案例认识产业转移的内容、方式及其影响，也应该聚焦核心概念"区域联系"，帮助学生理解区域之间通过寻求优势互补来实现各自的资源优化配置，谋求区域之间协同发展。因此，以核心概念为中心的地理教学，能够帮助学生获得针对某一主题或问题的深层理解，形成可迁移的理解力，达成学科核心素养的培育要求。

目前，以核心概念为中心的单元教学设计思路，可分为"逆向教学设计"和"科学—写作启发式教学设计"[5]，但无论哪种思路，都涉及了概念结构的构建。笔者以"科学—写作启发式教学设计"所包括的"构建单元所包含的概念图、确定大概念及其子概念、规划与大概念及其子概念相一致的活动"为依据，细化分解形成了以核心概念为中心的单元教学设计路径，概括出五个主要环节。以下以地理学科核心素养"区域认知"为例，通过构建"区域"核心概念体系，并以其中的子概念"区域含义"为案例来说明地理单元教学设计的路径与方法。

（一）构建理解学科核心素养的核心概念体系

以核心概念为中心来进行单元教学，目的直指落实学科核心素养，因此首先要构建学科核心概念体系，来对学科核心素养的内涵进行解析。以构建"区域"核心概念体系来阐释"区域认知"素养为例。"区域认知"是地理学科核心素养之一，《普通高中地理课程标准（2017年版2020年修订）》中提出，区域认知是"人们运用空间—区域的观点认识地理环境的思维方式和能力"，其"有助于人们从区域的角度，分析和认识地理环境，以及它与人类活动的关系"，因此"区域认知"素养重在认知"区域"，既包括对区域本身的认知，也包括认知的过程与方法。"区域"作为地理学的核心概念之一，诠释了地理学的区域性和综合性，搭建"区域"核心概

念体系既能够帮助学生深刻理解地理学的学科性质，也能够使学生在学习过程中获得认知方法，形成思维方式。图3为笔者所构建的"区域"核心概念体系：区域含义是理解区域认知的基础，表明将世界划分为区域是地理学认识世界的重要方法；区域特征聚焦某一区域本身，通过区域分析来认识区域内部特征，进而形成对区域整体性的认识；区域关联强调的是多个不同区域之间发生联系和作用；在认识区域整体性的基础上，通过与其他区域进行比较而认识区域的独特性，凸显区域之间的差异性；区域发展是不同区域在认识自身整体性和独特性的基础上凸显比较优势，通过区域关联进行优势互补，以实现区域协同发展。"区域"核心概念体系阐释了地理学的区域思想与方法，提炼出形成区域认知素养的核心概念的子概念，并建立起概念结构，为理解区域认知打下基础。

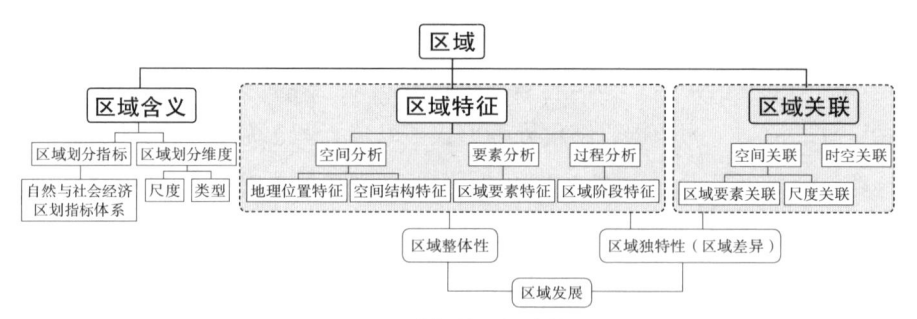

图3 "区域"核心概念体系图

（二）从核心概念出发确定教学单元

从核心概念出发来确定教学单元，是站位在核心概念体系的高度规划出主题明确又相互联系的教学单元，既能把握教学单元的范围，又能明确教学单元的地位和作用。以"区域"核心概念体系来看，可以选取核心概念的子概念作为教学单元，如将区域含义、区域特征、区域关联、区域发展等作为教学单元；也可以选择将核心概念的子概念再进一步分解来确定更为具体的单元，如可以将区域要素特征分析作为教学单元。选定子概念之后，教学单元的确定包括如下步骤：

第一，要分析教学单元所处的学段位置，明确教学单元的地位和作用。以"区域含义"子概念为例,其相关课程标准要求是在高中地理选择性必修2的第一条"结合实例,说明区域的含义及类型"。在四个版本的高中地理教材中,都将这部分内容放在了选择性必修2的第一章第一节,凸显出这部分内容的基础性作用。学生在初中阶段学习过区域地理,高中地理的学习侧重帮助学生理解区域划分的原理和方法,并能够从不同尺度和类型等角度来认知区域,掌握区域认知的思维方式与方法。因此,可以将"区域含义"单元设置在高中地理选择性必修2的起始,与课程标准和教材相一致。

第二,要从核心概念体系出发建构子概念体系,以明确教学单元的内容范围。以"区域含义"子概念为例,图4为笔者参考学术文献与教材内容后所建构的"区域含义"子概念体系图。笔者将区域含义又分为区域划分的指标和维度两个次级概念:区域划分的指标是根据区域划分目的来筛选指标体系,进而划分出内部相似性或关联性大于差异性的不同区域,从而将世界组织成区域系统;划分出的区域可以从不同类型和不同空间尺度两个维度来认识,不同类型的区域又可以按照不同性质和形态进行划分,不同空间尺度的区域有大小尺度之分且尺度之间是相互关联的。构建出的区域含义子概念阐释了地理学将地球表层划分为区域的意义,明确了教学单元所包含内容的组成与边界。

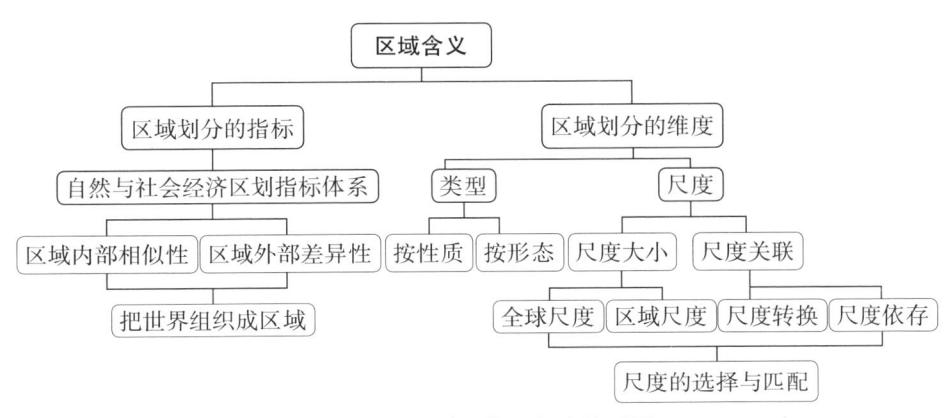

图4 "区域含义"子概念体系图

（三）基于核心概念构建单元知识结构

确定教学单元之后，需要基于核心概念构建单元知识结构，特别是要构建从上至下的层级知识结构，以便将核心概念逐级分解，与教学内容相关联。其中的关键环节是：教师要根据核心概念的子概念体系提炼出教学单元的概念性理解，才能帮助学生通过具体内容达成对核心概念的理解，真正做到上下位知识的贯通。概念性理解是核心概念在单元内容上的细化与阐释，可以用陈述句来表述。以"区域含义"单元来看，可以构建出图5所示的单元知识层级结构。在这个单元中，学生需要知道区划指标、空间尺度、尺度大小等具体概念，但更为重要的是三条概念性理解，分别落实子概念体系中的区域划分的指标和区域类型、区域尺度大小、尺度关联三个次级概念，这是要让学生理解的核心内容。

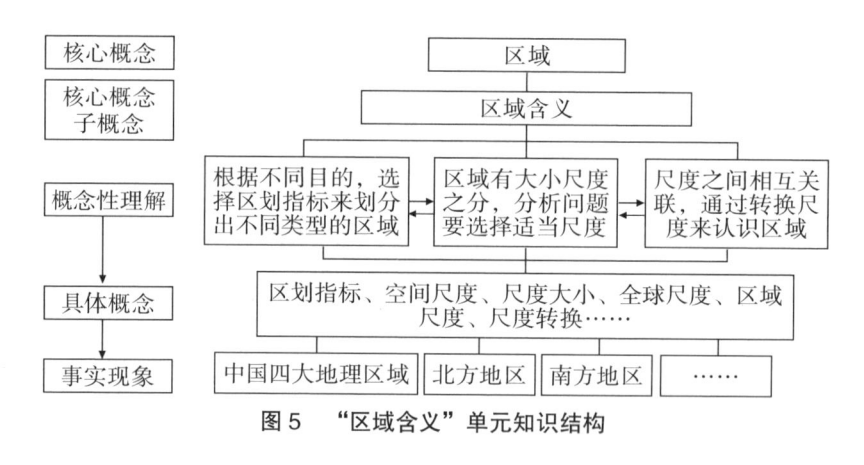

图5 "区域含义"单元知识结构

（四）围绕核心概念设计单元教学目标体系

围绕核心概念设计单元教学目标体系，需要遵循"单元概念性理解→单元核心问题→单元教学目标"的过程，将单元概念性理解转化为具有逻辑性和层次性的单元核心问题，再结合课程标准的要求和学生的学情来设计整体的单元教学目标体系。概念性理解可以将"如何""为什么""怎么样"这样形式的驱动性问题[6]表达成进阶性的单元核心问题。表1展示了"区域含义"教学单元的概念性理解与核心问题，并能够构建出本单元的单元教学目标，与概念性理解相对应。

表1 "区域含义"单元教学目标

单元课时	第一课时	第二课时	第三课时
单元概念性理解	根据不同目的，选择区划指标来划分出不同类型的区域	区域有不同大小尺度，分析问题要选择适当尺度	尺度之间相互关联，通过转换尺度来认识区域
单元核心问题	为什么要将地球表层划分成不同的区域？依据指标是如何划分出区域的？划分出不同类型的区域是如何反映地球表层的	为什么要用不同空间尺度大小来衡量区域？如何认识不同空间尺度大小上的地理事物？分析具体问题时如何选用适当的空间尺度大小	不同尺度是怎么关联在一起的？如何通过尺度放大或缩小来认识地理事物？认识具体区域的地理事物时，要怎样转换尺度
单元教学目标	学生能说出区域的概念；知道依据不同区划指标能够划分出不同类型的区域；学会理解区域划分的意义	运用比较法认识区域有大小不同的空间尺度；学会根据分析的具体问题来选择适当大小的尺度	知道不同大小空间尺度之间是相互关联的；学会通过转换不同的空间尺度来认识区域地理事物

（五）根据单元教学目标设计单元教学活动

教学活动的设计要与单元教学目标相匹配，促进学生习得概念性理解和对核心概念的理解。在"区域含义"单元中，笔者设计了自主区划、对比分析、辨识尺度、转换尺度等教学活动（图6），帮助学生认识区域划分的过程和结果，并从不同类型、不同空间尺度上建立起对区域认识的不同维度，丰富对区域含义的理解，实现区域认知素养与具体教学内容的关联。

		区域	
核心概念			
核心概念子概念		区域含义	
概念性理解	根据不同目的，选择区划指标来划分出不同类型的区域	区域有大小尺度之分，分析问题要选择适当尺度	尺度之间相互关联，通过转换尺度来认识区域
教学目标	学生能说出区域的概念；知道依据不同区划指标能够划分出不同类型的区域；学会理解区域划分的意义	运用比较法认识区域有大小不同的空间尺度；学会根据分析的具体问题来选择适当大小的尺度	知道不同大小空间尺度之间是相互关联的；学会通过转换不同的空间尺度来认识区域地理事物
教学活动线索	给出不同类型区域的资料，让学生自主选择区划指标来划分区域并说明理由，讨论区划是否科学合理	给出同一区域不同比例尺的专题地图，通过比较得到不同空间尺度上地理事物的概括程度不同，学会选择适当大小的空间尺度来分析问题	给出不同区域在不同空间尺度上的资料，通过变换空间尺度来认识地理事物在不同空间尺度上的差异与关联

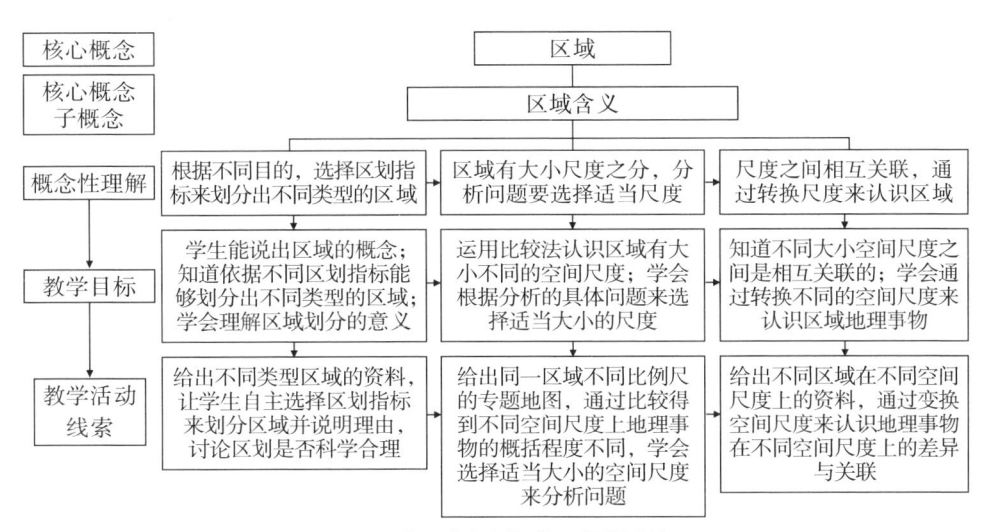

图6 "区域含义"单元教学设计

三、以核心概念为中心的单元教学策略

（一）构建核心概念体系是将学科核心素养与教学内容连接的关键

学科核心素养的内涵十分丰富，只有建构起核心概念体系才能够将其丰富的内涵阐释表述出来，并通过概念体系的搭建将学科核心素养逐级分解从而关联到具体的教学内容中，规划出落实学科核心素养的路径。如果没有核心概念体系的支撑，许多上位的学科思想方法与下位的具体知识点之间就无法有机融合形成一个整体而呈现出割裂状态。因此，非常有必要从学科思想方法出发来构建能够阐释学科核心素养的核心概念体系。但需要注意的是，在进行教学单元构建时，宜以某一个核心概念为主来构建概念体系，如果一个单元内体现多个核心概念就容易造成单元内容的分散。因此，有必要进行整体把握，规划出落实某一学科核心素养的明确路径，构建相应的概念体系与承载单元。不同单元分工协作，共同支撑起对核心概念的理解，以达成学科核心素养的培育要求。

（二）单元教学需要基于核心概念体系提炼概念性理解

概念性理解是核心概念在教学内容中的直接体现，是学科核心素养内涵在教学内容中的表达，因此，在进行单元教学设计时需要基于核心概念提炼概念性理解。概念性理解的提出需要以核心概念体系为依据，如"区域含义"单元中的概念性理解就来源于子概念体系。此外，概念理解也可以作为单元知识结构的主线和思路，构建起单元中不同课时之间的逻辑联系。但是应当注意，概念性理解的表述并不唯一，也没有标准答案，根据不同的教学内容可能会表述不同，也有可能在不同的学段出现不同的表述。若要在初中地理教学中构建"区域含义"单元，所提炼的概念性理解应当遵循初中学生的认知特点，在现有表述基础上降低难度。

（三）单元教学目标设计需要完成从概念性理解到核心问题的转化

单元教学目标基于核心概念，是将单元概念性理解转化为核心问题并结合学生学情分析而得到的，因此，从概念性理解到核心问题，再到单元教学目标的设计是环环相扣、缺一不可的。单元教学目标可以综合表

述，也可以按每个课时分别表述，但总体都要指向概念性理解的落实。核心问题作为中间环节，衔接了概念性理解与具体教学内容，让学生在解决问题的过程中习得概念性理解，达成单元教学目标，实现学科核心素养的落地。需要注意的是，核心问题可以是单独的问题，也可以是一组问题，对核心问题的回答构成了单元的核心教学内容；核心问题可以是没有标准答案的开放性问题，目的在于引发学生的思考，帮助学生形成概念性理解力，促进学生高阶思维的养成。

综上所述，以核心概念为中心进行地理单元教学设计，既要建立起落实学科核心素养的核心概念体系，又要通过提炼概念性理解、转化核心问题、构建单元教学目标体系等过程将学科核心素养逐渐分解关联到具体内容中，帮助学生理解具体教学内容的学科价值与方法，以培养学生的地理学科核心素养。

参考文献：

［1］崔允漷.如何开展指向学科核心素养的大单元设计［J］.北京教育（普教版），2019（2）：11-15.

［2］［5］邵朝友，崔允漷.指向核心素养的教学方案设计：大观念的视角［J］.全球教育展望，2017（6）：11-19.

［3］顿继安，何彩霞.大概念统摄下的单元教学设计［J］.基础教育课程，2019（18）：6-11.

［4］林恩·埃里克森，洛伊斯·兰宁.以概念为本的课程与教学：培养核心素养的绝佳实践［M］.鲁效孔，译.上海：华东师范大学出版社，2018.

［6］胡玉华.科学教育中的核心概念及其教学价值［J］.课程·教材·教法，2015（3）：79-84.

基于学科核心素养的地理教学设计

凌 锋[①]

当前,我国基础教育课程改革已经进入"核心素养"的时代,《普通高中地理课程标准(2017年版)》发布后,以地理学科核心素养培育为核心导向的课堂教学改革正在全面展开。在课堂教学中,采取怎样的教学设计才能使地理学科核心素养"落地生根"呢?

一、内容选择——聚焦人地关系主线

课堂教学内容是学生核心素养得以发展的载体。课程标准虽然是确定的,但课堂教学内容的选择策略不同,课堂教学效果也会截然不同。课堂教学内容的选择,宏观上要着眼于促进学生学科核心素养的发展,微观上要为达成具体教学目标任务服务。一般来说,教学内容的选择首先要着眼于地理学科的本质与最核心的价值观念,即紧扣人地关系主线,关注地理事象的空间分布,并以此为主线确定必须学习和掌握的地理知识与技能;其次要把握地理知识的基础性,即以课程目标为准绳,学习地理学科公认的基本概念、原理和规律;再次应突出体现地理学科思想,即综合思维、区域认知等综合分析、思维的特点;最后还需突出教学内容的生活性,即从学生生活体验和关注的热点话题入手,培养学生联系实际,发现、解决实际问题的能力。

例如,在学习"地理环境对区域发展的影响"一课时,教师设计了阐述东北平原北部"北大荒—北大仓—北大荒"转变"内幕"的学习活动。该学习活动以北大荒近百年"天翻地覆"的变化为案例,以圆桌式对话为学习方式,让学生从北大荒是怎么形成的、为何变成北大仓、为何又变成北大荒等角度出发,聚焦人地关系主线,注重学生人地协调观的培养。学

[①] 凌锋,江苏省太仓高级中学地理备课组组长,中学高级教师。

习成果如下：北大荒，并非自古以来就荒凉，主要是清王朝为巩固祖先龙脉，严禁汉人入东北地区，导致边境千里人迹罕见；北大荒最宝贵的资源之一是土地，土壤有机质含量是黄土的10倍，是肥力最高、最适宜农耕的土地；1950年后，"向荒地要粮"，十万转业军人、百万知识青年涌向北大荒，曾经的北大荒变成了北大仓；如今，因土地肥沃盛产粮食而闻名世界的北大仓，正因水土大量流失变得沟壑纵横，如若任其流失，再过50年黑土层将基本消失，北大仓将变成名副其实的"北大荒"。北大荒的转变，说明人类对环境的作用越大，环境对环境的反作用也越大，资源开发一定要控制在资源自身可承受的范围之内，否则后果很严重。

二、核心问题设计——关注学生高阶认知

人的生存与发展，需要多种素养，如面对复杂问题情境时做出理智的判断、决策和行动等，这些都属于高阶认知水平。在课堂教学中，教师设计问题需要统筹兼顾各个层次的认知水平，以高水平问题培养学生高水平思维为立足点，把学生由简单、表层的记忆、理解、应用层次推向高阶认知水平，从而推动学生综合思维的发展。

例如，在学习"地理环境差异对区域发展的影响"一课时，教师设计了归纳长江三角洲和东北平原中部的松嫩平原气候特点差异及原因的学习活动。该学习活动以长江三角洲和松嫩平原为案例，让学生从气候的基本特点、气温和降水角度出发，以长江三角洲和松嫩平原的年平均气温图、年降水量分布图为学习素材，对比分析气温和降水分布规律及其产生差异的原因，以小组为单位开展讨论、评价，注重对学生知识建构的指导和综合思维能力的培养。学习成果如下：归纳出影响气温高低的主要因素有纬度位置（太阳辐射）、地形地势、海陆位置（下垫面）、洋流、大气环流、人类活动等，长江三角洲年平均气温高于松嫩平原，主要原因是两地纬度位置的差异；归纳出影响降水多少的主要因素有海陆位置、大气环流（气压带和风带位置、季风）、洋流、地形地势等，长江三角洲年降水量多于松嫩平原，主要原因是两地大气环流（夏季风强度和时间）的差异。

三、素材组织——遵循区域认知逻辑

布鲁纳在《论认知》中强调:"正是知识的结构——它的相互关系或因果关系——应当成为教育的重点。"[1]区域性是地理学科的基本特征之一,区域图表是学习地理知识的重要载体。在课堂教学中,教师不仅要关注学科核心知识的内在逻辑联系,还要分类管理和存储与核心知识相关联的"区域场",逐步构建以区域图表为载体的"知识树"。一般来说,分析区域知识的基本方法有三种:一是分析区域地理位置,可从经纬度位置、海陆位置、河湖位置、海岸线等轮廓位置、邻国邻省邻区位置、经济区划位置等方面入手;二是分析自然地理环境特征,可从气候、土地、水文、自然资源等方面入手;三是分析社会经济地理环境特征,可从城市、交通、科技、政策、劳动力、农业、工业等方面入手(图1)。

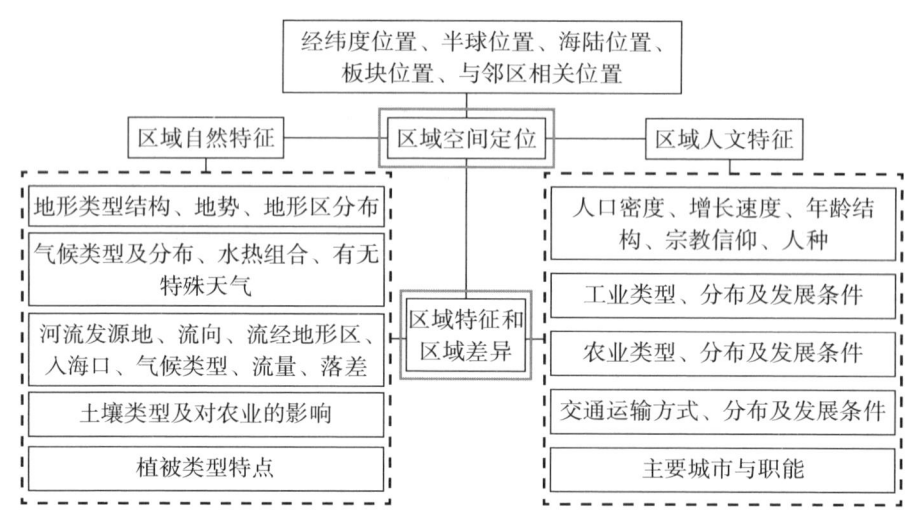

图1 分析区域知识的基本方法结构图

例如,在学习"地理环境差异对区域发展的影响"一课时,教师运用分析区域知识的基本方法,设计了长江三角洲和东北平原中部的松嫩平原区域地理环境差异的"畅所欲言"学习活动。该学习活动让学生从地理位置差异、自然地理环境差异、社会经济地理环境差异等角度出发,用精练的语言和专业的术语交流自己的想法,注重学生区域学习方法的指导和区

域认知能力的培养。学习成果如下：长江三角洲位于北纬 30 度附近，处于东部沿海的中部；松嫩平原位于北纬 45 度附近，处于东北地区的中部。长江三角洲属于亚热带季风气候，松嫩平原属于温带季风气候，长江三角洲的水热条件优于松嫩平原。长江三角洲为水稻土，耕地破碎；松嫩平原为黑土，耕地连片；两者土壤都较肥沃；长江三角洲人均耕地面积低于松嫩平原。长江三角洲矿产资源贫乏，松嫩平原有较丰富的石油等矿产。长江三角洲发展水田耕作业，主要作物为水稻、油菜、棉花等，熟制为一年两熟至三熟；松嫩平原发展旱地耕作业，主要作物为玉米、春小麦、大豆等，熟制为一年一熟。长江三角洲依托当地发达的农业基础发展轻工业，从国内外运入矿产资源发展重工业，成为综合性工业基地；松嫩平原利用当地丰富的石油资源和周围地区的煤铁资源发展重化工业，成为重化工业基地。

四、迁移应用——新情境解决新问题

为适应信息时代和知识社会的需求，核心素养指向解决复杂的问题和适应不可预测的情境的关键能力，即在某一具体情境下完成具体任务所获得的知识，能够应用于另一具体情境和具体任务的迁移能力。核心素养视域下，课堂教学中迁移应用能力的培养主要采取"陌生化"的手段，即通过重新设计教学素材和载体，促使学生通过陌生的学习情境，进入探究的学习状态，从而使已有知识的提取、重组和优化成为解决新情境和新问题的抓手。一般来说，陌生的学习情境如果来自大千世界中的实际生活情境，更容易促使学生主动挖掘自身的学习潜力，激发学生主动探索实际"问题"的欲望，从而培养学生的地理实践力素养。

例如，在学习"地理环境差异对区域发展的影响"一课时，教师运用中国南北方传统民居的实际情境，设计阐述地理环境差异与南北方传统民居不同特点之关系的学习活动。该学习活动让学生从南北方传统民居的"方位""墙体"和"屋顶坡度、房檐、房屋进深和高度"等角度出发，查阅相关图表和资料，探究南北方传统民居的不同特点及其形成原因，注重

对学生自主探究的引导和学以致用的实践力的培养。学习成果如下：北方的冬季漫长且寒冷，北方传统民居正南正北的方位观比南方强，有利于最大限度地利用太阳光照与热量；北方传统民居墙体严实厚重，有利于保温御寒。南方的夏季漫长且湿热，南方传统民居墙体轻薄，有利于通风透气。从北到南，年降水量逐渐增大，传统民居的屋顶坡度逐渐增大，有利于排水。从北到南，随着对保温要求的降低和对通风透气要求的提高，传统民居的屋檐逐渐加宽，房屋进深和高度逐渐加大。

总而言之，在核心素养视域下，面对复杂的学习情境，理解特定信息、整合所学知识、解决实际问题，是地理课堂独特的教育价值所在，是地理学科核心素养培育的路径，是学生核心素养发展的基石。

参考文献：
[1]邵瑞珍，张渭城，等.布鲁纳教育论著选［M］.北京：人民教育出版社，1989.

促进高阶思维发展的地理问题设计

董瑞杰[①]

《普通高中地理课程标准（2017年版）》强调围绕"问题"展开地理问题式教学，倡导让学生在问题情境中经历地理思维发展的过程。[1]问题设计作为地理问题式教学的基础，是走向深度学习的关键和培养地理学科核心素养的重要途径，能使地理教学活动具有针对性和有效性。引导学生提出问题、设计方案、得出结论，最终产生思维的碰撞和灵感的火花，有助于学生高阶思维的发展。因此，高阶思维既是地理问题式教学所希望达到的目标，又是问题式教学中问题设计的出发点。高阶思维是指发生在较高认知水平层次上的心智活动或认知能力[2]，包括问题求解、决策制定、批判性思维、创新思维等思维倾向。为了充分发展学生的高阶思维，必须思考问题设计的思维价值，提升提问的有效性，不断激发学生的好奇心和求知欲，使学生在问题思考中形成优化的思维过程。以高阶思维引领地理问题设计，能够提高地理问题式教学的有效性，有助于学生形成正确的地理观念、发展批判性思维和创新思维，从而实现核心素养的培育。

一、以高阶思维引领地理问题设计的具体要求

以高阶思维引领地理问题的设计，需要从核心素养培育的角度出发，去分析怎样的问题设计才能更有效地提升地理课堂教学的有效性，并促进学生自主、合作、探究等学习能力的发展。以高阶思维引领地理问题设计的具体要求如下。

（一）结合生活实际，提供探究支持

地理问题设计要与生活实际密切联系，强调激发学生的学习兴趣，提升学生的思维品质。把生活实际情境转换成问题，赋予其地理学习的意

[①] 董瑞杰，陕西师范大学地理科学与旅游学院讲师。

义，使学生产生强烈的好奇心和探究欲，从而积极主动地收集证据、整理过程、做出解释或评价。发展学生高阶思维，教师需要引导学生分析、推理和应用，帮助学生找到思考和分析地理问题的方法，使探究活动呈现出深刻的思维性。生活实际问题符合学生的认知规律，学生在接受、体验、感悟、类比、迁移后，逐步提升自己的思维能力。设计的地理问题需要能引导学生产生疑问、进行探究，学生在探究实践活动中会获得发展思维的"源泉"。来源于生活的问题可以激发学生的求知欲，促使其用所学知识解决身边的地理问题，从而感受到学习地理的意义和价值。

（二）形成阶梯系统，驱动深入思考

地理概念性知识、程序性知识主要以解决问题为主线展开，这需要在教学中形成阶梯式的问题系统，即问题链。问题链是由环环相扣的问题情境组成的问题系统，注重问题的系统性和层次性，促使学生进行多角度、多层次的探索和发现。问题链关注学生的探究活动和思维过程，以"链"的形式驱动学生对问题进行深入思考，通过解决任务、梳理思路、化解难点，逐步把学生的思维引向更深层次，实现地理学习目标。它能帮助学生更好地理解地理知识，对引发学生深度思考具有很大的促进作用。问题链的教学过程不仅要关注知识链，还要关注思维链。[3]因此，问题链需要巧妙构思，按照由简单到复杂、由单一到综合的方向展开，让学生学会质疑，以实现高阶思维的培养。

（三）优化学习路径，提高学习质量

问题设计需要以学生的心理特点和地理课程特点为依据，关注学生需求，探索"为学生设计怎样学习的路径"，鼓励学生自主发现和互动合作，促使学生优化学习路径。问题设计需要反映不同思维水平的学习进阶，使学生的思维成为一个认知层次由低向高的动态过程。问题要设置在知识的生长点上，关注学科思想和方法。[4]把问题的有效性当作高阶思维发展的出发点，一是可以利用认知冲突使学生对原有知识进行重组，不断改进认知结构；二是可以提高学生综合运用知识解决实际问题的能力，培养其一定的实践能力。学生运用积极思维去解决地理实际问题，就会获得深度学

习的能力。

二、以高阶思维引领地理问题设计的实施关键

高阶思维的形成包括思维过程、思维层次、思维策略，需要在情境创设中强调对问题的优化设计。在教学中，地理学科核心素养的培育多由问题开始，其重点在于促使学生经历问题解决的过程，不断生成高阶思维，因此，利用多种方法创设认知冲突便是引发学生深度学习和培养其高阶思维的关键。

（一）基于学生的认知发展水平

以高阶思维引领的地理问题设计，需要符合学生的身心发展规律和认知规律，贴近学生的生活实际，充分发挥学生的积极性，反映不同阶段地理学习的特点。第一，与学生的生活经验紧密联系，问题设计的素材需要从学生的生活经验中获取，为学生提供探究材料，不断启发和引导学生，让学生感悟生活中的地理。第二，对真实问题解决进行预设，使学生在理解知识、应用知识的过程中建构起灵活的知识体系，通过对实际问题的解决体验到学习的价值和意义，从而激发学习动机。第三，帮助学生建立问题理解的载体，采用地图、图形和表格等多种呈现方式，不断挖掘其中隐含的丰富信息，帮助学生建立具体事物和抽象概念之间的联系。总之，基于学生认知发展水平设计问题，积极创设地理概念和规律所依附的学习情境，可以让学生更容易感知和理解。

（二）体现学生发现知识的探究过程

地理问题设计要体现知识发现和问题解决的过程，特别是要合理设计问题链，给学生提供充分体验的机会，保障学生经历知识的产生过程，使学生在探究过程中获取知识、掌握方法、提升能力。学生通过收集资料、分析数据，亲自动手解决问题，进而实现深度学习。问题解决需要学生努力思考，亲身经历知识应用的情境，在解决问题的过程中提高解决生活中实际问题的能力；学生在发现知识的探究过程中实现意义建构，把所获得的知识在具体问题解决中进行灵活的迁移运用，这也是高阶思维培养的重

要内容。因此，在进行问题设计时，教师把地理知识提炼成融入思维训练的问题，学生运用所学地理知识加以解决，就能体会和理解地理概念和规律形成的基本途径。

（三）帮助学生形成思考问题的策略和方法

问题设计要促使学生形成思考问题的策略和方法，使其具备地理思维的视角。首先，要能培养学生的逻辑推理能力。从提升学生的逻辑推理能力出发，问题设计应该帮助学生完成从生活问题到地理问题的转换，使学生可以利用已有知识和技能，完成问题的求解。其次，要能培养学生的创新思维。问题设计是从具体情境中抽象出地理关键问题的过程，问题探究更有利于学生主动去发现、分析和解决问题，从而激发创新意识。最后，要能培养学生的深度迁移能力。学生在遇到其他问题时，要能有效运用地理思维对其进行合理的科学分析，并加以解决。学生在问题解决的过程中形成的策略和方法，可以进一步巩固有关的地理知识并提高地理学习的兴趣。

（四）促进学生在分级评价中不断进阶

问题设计要以学业质量水平为指向，通过评价体现学生的发展水平和发展过程；要制定细化的分级评价标准，诊断学习问题，提出改进措施，促进学生实现学习进阶。问题设计应根据学生实际，分析其对相关材料的使用和对具体问题进行分析与解决的情况，要让学生充分展示自己并加以评析，鼓励学生提出新的解释。高阶思维培养对学生能力的总目标要求包括：第一，具备能把获得的新知识灵活地迁移到解决复杂的实际问题中的能力；第二，从问题解决过程中获得专业知识和解决问题的策略。教师通过学生对具体问题的回答判断其思维结构层次，并对学生进行思维训练，使学生的思维水平得到进一步发展。要使学生在分级评价中不断进阶，教师需要强化其高阶思维和学习进阶意识，以问题探究为核心引领地理教学质量的提升。

三、以高阶思维引领地理问题设计的操作方式

从发展高阶思维的视角对地理问题进行进阶设计，可以进一步增强问题式教学的实效。好的问题能引起学生的思维活动，有助于提高学生的思维品质和思维能力。问题设计要促使学生深入思考，引导学生积极参与问题的解决过程，使学生的高阶思维能力得到逐步培养。

（一）促进问题探究的自主过程

问题探究生发于学生已有经验与当前情境产生的认知冲突，这是学生进行高阶思维的自主过程。为了使学生对问题产生兴趣，教师需要创设新颖的冲突情境，使学生感觉到问题具有挑战性，能获得效能感。所以，按照问题的开放度进行递进的问题设计，要求每一个层次的问题都以激发学生思考的原动力为主，以好奇心和动机引发学生产生疑问和提出疑问，形成自主学习的过程。问题设计分为两个层次：知识层次的问题，对其中的核心知识体系进行原理、原因、方法的思考和提问；思维层次的问题，使学生形成深刻性的思维，体现积极思维的路径。例如，在"认识沙尘暴"的问题探究中，为了突出学生的自主学习，教师组织学生思考以下问题：什么是沙尘暴？它是怎样产生的？我国沙尘暴的源头在哪里？沙尘暴肆虐的路径有哪些？怎样防治沙尘暴？这样的问题探究能使学生成为主动的研究者，学生在反思、批判、运用的过程中进行深层次的思考，从而突出高阶思维能力的培养。

（二）保持问题探究的持续过程

问题探究应由低到高、由浅入深依次展开，形成一个多层次的问题系统，引领学生进行循序渐进的问题思考。问题探究需要注重学生的差异，根据学生的特点设计不同水平的学习方式，不同的思维层次有其对应的问题设计策略，使课堂教学保持一个问题探究的持续性框架。思维层次设计需要涵盖"五何"问题[5]，即"由何（who, when, where）、是何（what）、为何（why）、如何（how）、若何（if...then...）"。思维的层次由低阶向高阶逐渐推进，让学生进行递进思考，不断激发学生的探究欲望。例如，在

"水循环的过程"的问题探究中,教师可在课堂教学中提出不同思维层次的问题,引导学生通过解决一系列关联问题,正确认识和利用水循环的自然规律,树立人类与环境和谐发展的观念(表1)。

表1 关于"水循环的过程"的思维目标与问题设计

思维层次	低阶思维			高阶思维		
思维目标	知道	领会	应用	分析	综合	评价
问题设计	由何、是何	是何	是何、为何	为何、如何	如何、若何	若何
问题链:以"水循环的过程"为例	(1)什么是水循环 (2)水循环发生的领域有哪些 (3)水循环包括哪几种形式	(1)海陆间水循环的具体过程 (2)海陆间水循环包括哪些主要环节	(1)观察家乡河流的水位变化,分析其补给类型 (2)探讨家乡不同水体之间具有怎样的补给关系	自然界的水总量在循环过程中会产生增减变化吗	人类活动会对水循环过程产生怎样的影响	水循环具有怎样的地理意义

(三)厘清问题探究的逻辑过程

问题探究蕴含着由此及彼的逻辑过程,学生应在问题解决中积极地发现,挖掘问题之间的相互联系。通过问题探究,教师可以引导学生对问题进行拓展和延伸,提高学生的迁移和应变能力,特别是以问题链引发学生深入思考,让学生经历深度的思维过程,实现有意义的学习。问题的关系包括包含、并列、因果、递进、延伸等,可以使学生到达问题思考的深度,包括归纳与演绎、分析与综合、抽象与概括、比较、因果等思维活动。地理要素之间存在十分复杂的因果关系,厘清这些关系,有利于发展学生地理综合思维这一学科核心素养。教师可以采用主题逐层深入式的设问,引导学生明确地理要素间的因果关系,并进行系统分析和归纳。例如,让学生分析"三大类岩石转化"的地质作用,可以设计以下问题:喷出的岩浆会形成什么岩石?未喷出的岩浆在地下缓慢凝固会形成什么岩石?地表物质经过流水的侵蚀、搬运和堆积,积累的沉积物多年后会形成什么岩石?不同的岩石深入到地下,经过高温作用后会形成什么岩石?上述问题探究包括高温熔化、外力作用、变质作用、冷却凝固等过程，有利于引导学生透彻了解地壳物质的循环逻辑。

（四）确定问题探究的进阶过程

以问题进阶引导学生探寻问题解决方案，可以使问题探究的过程更加有效。教师要确定问题探究的进阶过程，实现学生的思维推进，使其形成更具深度的灵活思维。问题进阶是促进学生思维的关键因素，让学生的心智活动发生在较高层次的认知水平上。同时，问题进阶具有可操作性，让学生直面不确定、开放性的情境或问题，使高阶思维的培养途径得到进一步明晰。安德森等人修订的布鲁姆教育目标分类表中，高阶思维包括分析能力、评价能力、综合能力和创造能力。

设计培养学生分析能力的问题时，教师需指导学生透彻地分析和理解问题，并利用所学知识来对自己的观点进行辩护。设计的问题要有逻辑性。一是让学生分析异同、究其因果，深入理解地理学的规律、原理以及知识的内在联系；二是让学生在对感性材料的分析思考基础上，以判断、推理为基本形式，间接、概括地揭示出问题的本质。学生在回答问题的过程中，分析知识结构要素，厘清概念间的联系或者事件之间的因果关系。

设计培养学生评价能力的问题时，教师需指导学生运用所学知识、经验，理性地、深刻地进行辨别，对事物本质的价值做出有说服力的判断。设计的问题要有思辨性。学生在解决和讨论问题的过程中，发扬质疑精神，对某一问题的解释进行合理的评价，并陈述观点。设计的问题要有反思性。学生要对自己的决策、行为、方法以及由此产生的结果进行审视、分析、调整，并形成反思习惯。

设计培养学生综合能力的问题时，教师需指导学生系统地分析和联系，从整体的、全局的角度来考虑问题。设计的问题要有系统性。学生思考问题时，要关联系统各部分，对各个要素进行全方位、全过程的整体思考，通过观察，提出明确的观点，进行严谨的论证和系统的归纳，真正找到问题的解决方案。

设计培养学生创造能力的问题时，教师需指导学生进行开放的学习活动，激发其想象力和创造力。设计的问题要有启发性。引导学生厘清知识之间的联系，理性认识学习内容，形成解决问题的独特思路。设计的问题要有开放性。让学生积极发现，自主探索，拓展思路，在问题解决中激发创造性思维，对问题进行创造性解答。例如，让学生分析"黄土高原的治沟造地"，通过探究依次递进的问题链，围绕治沟造地与综合整治进行抽丝剥茧、层层深入的思考，在质疑—释疑中去推理和实践，进而发展创新思维，最终获得必备的高阶地理思维能力（表2）。

表2 "黄土高原的治沟造地"的问题进阶设计

思维层次	探究问题	设计理念
记忆、理解	黄土高原的气候、植被和土壤具有哪些特征？为什么容易发生水土流失	掌握基础知识：了解黄土高原的基本特征，厘清黄土高原发生水土流失的主要原因
分析	以延安市为例，治沟造地的主要措施包括哪些？如何进行植被恢复和防止水土流失	分解整体材料：结合具体案例，联系当地生产条件，明晰治沟造地保持水土的基本原理
评价	治沟造地对当地生产条件有哪些改善作用？给当地的生态、经济、社会带来哪些影响	做出价值判断：寻找支持材料，对治沟造地的改善作用进行解释，对治沟造地的效果进行合理的说明
综合	治沟造地与水土流失之间具有哪些关系？黄土高原综合整治模式有哪些特点	论证和归纳：对治沟造地进行整体思考，概括治沟造地的要点，总结区域生态保护和改善的方法
创造	依托当地土地整治项目，设计一个治沟造地的具体方案，提出保持水土的具体内容	创造性探索：因地制宜，从工程设计角度进行科学规划，形成治沟造地的创新思路

四、结论

问题设计是地理问题式教学的重要环节，以高阶思维引领问题设计可以促进学生深度学习的发生。在高阶思维引领下，地理问题设计隐含知识发现的进阶过程，使学生在问题解决过程中不断发展核心素养。问题设计在激发学生地理学习兴趣的同时，利用探索体验引发学生的积极思考，鼓励学生的分析、评价、创造等高阶思维，积极培养其良好的地理思维习惯，从而不断提高其地理思维能力，实现地理学科核心素养培育的目标。

参考文献：

［1］中华人民共和国教育部.普通高中地理课程标准（2017年版）［S］.北京：人民教育出版社，2018.

［2］林勤.思维的跃迁：高阶思维能力的培养及教学方式［M］.上海：华东师范大学出版社，2015.

［3］吕崧.问题启迪思维——"问题链"在初中化学教学中的应用［M］.上海：上海交通大学出版社，2014.

［4］汤明清.指向高阶思维的课堂提问策略探究［J］.基础教育课程，2019（19）：41-47

［5］闫寒冰.学习过程设计——信息技术与课程整合的视角［M］.北京：教育科学出版社，2005.

中学地理"概念为本"教学的内涵与策略

李春艳[①]　刘金玲[②]

"概念为本"的教学区别于"主题为本"的教学。在中学地理教学中,"主题为本"的教学模式主要是按照教科书中的内容主题来组织章节内容的学习,教学目标主要集中在对内容主题中相关知识的理解上,各知识之间的联系相对松散。美国学者林恩·埃里克森提出了"概念为本"的教学,强调教学必须超越具体事实和内容主题去建构更有深度的、可迁移的大概念体系,并丰富概念性理解,才能很好地解决教学中知识零散、思维表浅等问题。

一、"概念为本"教学的基本内涵

"概念为本"教学中的"概念"是指"大概念"。一般来说,可以将大概念进一步分解成一定数量的较小概念,较小的概念又可以进一步分解成更小的概念,以此类推;同样,任何较少现象适用的概念,也都可以联系到一个适用于更多现象的较大概念,较大的概念又可以归入一个更大的、更广泛的概念。理论上讲,这种将概念连接在一起而形成较大概念的过程,可以一直延续下去,直到归纳成数目很少的几个顶层概念,甚至可以用一个概念解释所有的事物现象。[1]可见,大小概念之间构成了以大概念为统领的层级式概念体系。这种大概念体系的逐级建构过程是揭示概念与概念间本质联系的高度概括过程,也是实现论据与结论之间论证关系的高阶思维过程。因此,"概念为本"的教学本质上是在事实的基础上逐级实现大概念的意义建构以及学习迁移的教学,其中,揭示概念间本质关系的概念性理解和实现上下位知识之间有机联系的协同思维尤为重要(图1)。

[①] 李春艳,北京教育学院数学与科学教育学院副教授。
[②] 刘金玲,北京市房山区四〇一学校中学高级教师。

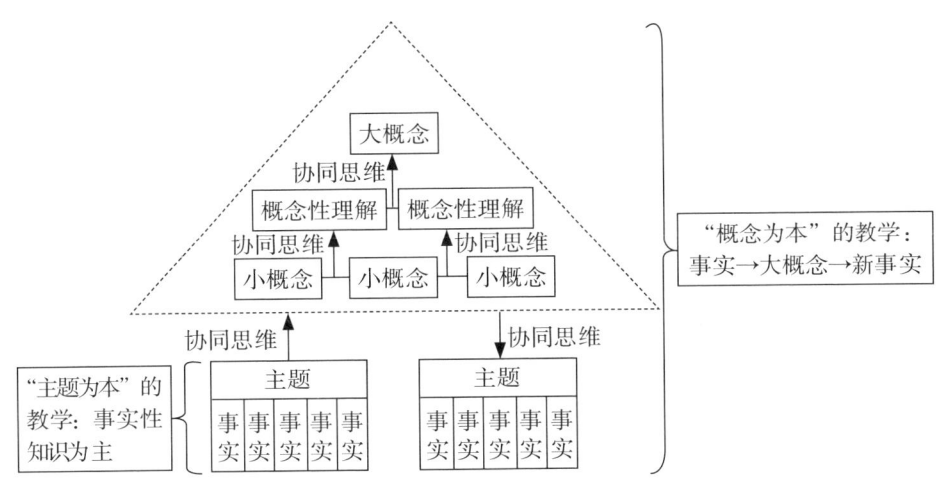

图 1 "概念为本"的教学与"主题为本"的教学

埃里克森将知识分为事实性知识和概念性知识。[2]事实性知识主要指图 1 中的"事实"和"主题",概念性知识是指图 1 中的"小概念""大概念"和大、小概念间的"概念性理解"。"概念为本"的教学是实现大概念体系建构的教学,是对概念性知识实现概念性理解的教学。概念性理解是对概念之间本质关系的陈述性表达,这种概念性理解在各级大概念建构的全过程中都有发生。大概念体系建构的目的是实现跨时间、跨地点和跨情境的学习迁移。在大概念的建构和迁移过程中,协同思维起了关键作用。

"概念为本"的教学是以"理解"为目的,以"观点(陈述句)"为中心,推动学生从事实性知识走向概念性理解的学习。[3]在概念由小到大、一层一层归纳概括的过程中,概念性理解就一级一级地发生了。不同层级的下位概念和上位概念之间,只有发生概念性理解,上位概念才能真正形成,学习迁移才更容易发生,"概念为本"的教学才能真正实现。

二、"概念为本"教学的实施策略

在 2019 年的北京市中考地理试卷中有一道选择题,问巴西的大豆产区主要位于哪里,四个选项分别是:A.沿海地区;B.平原地区;C.中纬度地区;D.高原地区。很多学生选择了 B,理由是农业要因地制宜发展,种植业主要分布在平原地区。可实际上,这道题的正确答案是 D。学生选择错误，究其原因，一方面在于教师教学时并没有区分事实性知识与概念性知识，只将中国的农业分布的地理事实性知识教给学生，就让其直接迁移到巴西的农业分布的新的地理事实中；另一方面在于教师没有在概念性知识的概念性理解上做足文章，导致学生将大概念按照小概念的学习方式记忆下来，并生搬硬套。以此为例，中学地理教学应该如何通过"概念为本"的教学来扭转这样的局面呢？

（一）区分学习内容层次并确定大概念体系

确定大概念体系是实现"概念为本"教学的关键一步，大概念体系的建立能为教师提供大概念的视角，并以此组织教学内容。确定大概念体系，首先要将学习内容区分成事实性知识和概念性知识，然后在概念性知识的基础上归纳概括出概念性理解和大概念，最终形成大概念体系。

以中国地图出版社出版的义务教育教科书《地理》七年级下册第五章"中国的经济发展"的第一节"农业的分布和发展"一课为例，先将本课的内容进行事实性知识与概念性知识的层次区分，事实性知识要求记住，概念性知识要求理解；再将概念性知识进一步区分为小概念、概念性理解、大概念，这样就明确了本课的大概念体系（表1）。

表1 "农业的分布和发展"一课的内容层次及大概念体系

概念性知识	大概念	因地制宜发展农业					
	概念性理解	1.农业生产有不同的类型及不同的特点 2.不同特点的农业生产对农业生产条件要求不同 3.影响农业生产的条件既有自然条件也有社会经济因素 4.农业生产一般都优先考虑并选择在自然条件能满足其生产需要的地方					
	小概念	农业生产、种植业、畜牧业、农业生产条件、自然条件对农业生产和分布的影响、社会经济因素对农业生产和分布的影响、农业分布等					
事实性知识	主题	中国的农业分布					
	事实	各种粮食作物的分布	各种纤维作物的分布	各种油料作物的分布	各种糖料作物的分布	各种饮料作物的分布	畜牧业的分布

表1显示，用作本节课教学的大概念是"因地制宜发展农业"。这个大概念的下一级子概念就是表1中的四个概念性理解，教材中"我国东部地区以种植业为主，粮食作物和经济作物集中分布在湿润和半湿润的平原、盆地和丘陵"就是基本的地理事实。教学中，教师如果不做知识层次的区分，学生会很容易将大概念"因地制宜发展农业"处理成具体的小概念来记忆，那样就会削弱对大概念深刻内涵的理解，丧失对大概念的迁移力和解释力，导致将大概念作为具体知识点，通过记忆再现直接套用，出现类似"巴西的大豆产区主要在平原地区"这样的错误。

像这样，打破琐碎的地理现象和地理事实堆砌的学习现状，建构有层级结构的地理大概念体系，有利于学生通过少而精的概念学习和理解，认识地理学科本质，迁移解释地理现象，提升地理素养。[4]

（二）促成大概念体系中上下位概念间的协同思维

协同思维是实现"概念为本"教学的核心和灵魂。[5]协同思维是寻找多个下位内容间的相互作用从而产生数量较少的上位概念的思维过程，也就是用具体的事实案例来支撑小概念，用多个小概念来支撑大概念的思维过程。这个过程需要退后一步用更为批判性的、更为宽泛的视角去观察问题，深思熟虑地进行有论据支持的概括。[6]因此，协同思维能促进学生对大概念的深层理解，更易于其将思考逐步迁移到其他的时间、地点和情境。

例如，在前面中考题的案例中，学生如果运用协同思维，就会将原有的"事实→事实"的不良思维过程（图2）转变为"事实→概念性理解→新事实"的协同思维过程（图3）。

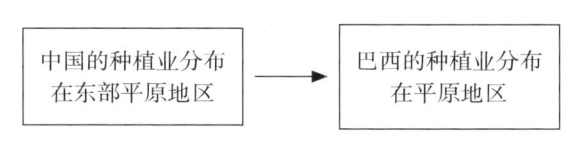

图2 "事实→事实"的不良思维过程

```
        ┌─────────────────────────────┐
        │ 农业生产一般都优先考虑并选择在 │
        │ 自然条件能满足其生产需要的地方 │
        └─────────────────────────────┘
              ↑                ↑
    ┌──────────────┐   ┌──────────────┐
    │ 中国的种植业分布 │   │ 巴西的种植业分布 │
    │ 在东部平原地区  │   │ 在南部高原地区  │
    └──────────────┘   └──────────────┘
```

图 3　"事实→概念性理解→新事实"的协同思维过程

可见，"农业生产一般都优先考虑并选择在自然条件能满足其生产需要的地方"成了"中国种植业分布"与"巴西种植业分布"两个地理事实之间的概念性理解的纽带，帮助学生用更多的地理事实来深化理解"因地制宜发展农业"这个大概念。初中地理关于"因地制宜发展农业"的大概念的概念性理解还有其他几个基本内涵，如果能对这些概念性理解有清晰的认识，学生在看待"中国种植业分布在东部平原地区"以及"巴西种植业分布在南部高原地区"这两种不同的地理事实时，会有更强的解释力。比如，中国种植业主要分布在东部平原地区，是这里的气候、地形、水源、土壤等多个自然因素综合作用的结果，其中气候是影响农业生产和分布的决定性因素。如果这样理解的话，巴西大豆为什么主要分布在高原地区就变得非常好理解，因为那里的气候更适宜大豆的生长。

因此，教学中讲清地理事实性知识只是学习的逻辑开端，只有将不同的事实与概念性理解之间通过从归纳到演绎的协同思维联系起来，并在演绎的过程中不断清晰和修正概念性理解，大概念才不会变成生搬硬套的惰性知识，学生的学习过程和学习结果才能保证质量。

（三）提出能促进协同思维发生的基本问题

基本问题是开启"概念为本"教学之门的"钥匙"。提出基本问题需要首先澄清什么是基本问题、什么是非基本问题。关乎概念理解的是基本问题，而关乎知识记忆的是非基本问题。[7] 比如：像"中国的种植业分布在哪里"这种通过直接调用单一信息即可给出正确答案的问题就是非基本问题；而"种植业一般分布在哪里"这个问题却不是一两句话所能回答的，需要调用气候、地形、水源、土壤等大量的信息并对信息进行综合组织，不同的人组织的结论可能还有所不同，但都能站在自己的视角进行有理有据的论证，这样的问题就是基本问题。

因此，基本问题一般具有以下几个特点：[8]一是基本问题要指向大概念。能为学生在已知的地理事实（如"中国种植业的分布"）与未知的大概念（如"因地制宜发展农业"）之间建立起一种可能的通道，在基本问题的引领下，学生有机会尝试离开地理事实去触碰未知的地理大概念。二是基本问题的分析过程能聚焦于推理过程。基本问题不是能直接给出答案的问题，因此基本问题并不关注答案的对与错，而是要能激活学生的已有知识、生活体验与当前的学习内容之间的意义联系。在联系的过程中，问题反复出现，回答反复试错，思维反复推理，每一次反复推理都能澄清并加深对大概念的理解。三是基本问题可以有效架构起概念性理解。比如，针对表1中的四个概念性理解，可以设计的基本问题是：什么是农业生产？农业生产都一样吗？农业生产对自然条件有哪些要求？不同的农业生产会选择怎样的自然条件？等等。可见，基本问题不仅能引导学生建构概念性理解，还能通过问题之间的逻辑性来实现概念间的有机联系，进而不断形成更上位的大概念。四是基本问题的开放性为每位学生打开思维提供了可能。任何一个基本问题都不是直接能找到固定答案的，因此其具有开放性的特点。面对基本问题，所有的学生都不是正确答案的掌握者，他们彼此之间形成了协作互助的学习关系，每个人都要持有向他人学习的心态，这样保证了问题能让所有的学生投入其中并尽可能充分地表达自己的观点，尽可能多地思考他人的观点，尽可能好地建构问题的结论。

可见，基本问题是那些超越事实和主题，能在更宽泛的范围内、更长的时间里，更多次地迁移，以促进概念性理解，实现大概念建构的问题。

（四）设计用于学习迁移的表现性学习任务

表现性学习任务是对"概念为本"教学的效果检验。"概念为本"的教学追求的是对大概念的意义建构和学习迁移，怎样才能证明学生已经实现了对大概念的理解与建构呢？当学生能运用大概念、概念性理解及基本知识和基本技能完成新的具有挑战性的任务时，就证明他们理解了。因此，在单元教学结束后，设计并安排用于学习迁移的真实的表现性学习任务是检验"概念为本"的教学效果的有效手段。表现性学习任务不是学生通过对基础知识和基本技能的准确重复或熟练操作所能完成的，它应该是那些能够让学生更多更好地将概念性理解与现实世界的新情境建立起有机联系的任务。比如，学生学完"中国的农业分布"之后，能借助"因地制宜发展农业"的大概念以及表1中多个概念性理解去分析任何其他国家或地区的农业分布问题，就是表现性学习任务。如果学生能调用大概念和概念性理解解决这些问题，说明学生对大概念理解了；如果学生机械地记忆中国的农业分布的结论并直接运用到其他国家或地区的农业分布问题上，说明学生没有理解。

可见，表现性学习任务为学生提供了一个践行所学的机会，学生通过表现性学习任务将所学知识与现实世界建立起联系，并通过教师的评估反馈、学生的自我反思以及同伴间的互评反馈等，发现自己的不足并不断加以修改和完善，最终真正深度理解大概念。

"概念为本"的教学一方面改变了学生的知识结构，使其将原来散落的或网状的知识结构优化为层级式知识结构，这种层级式知识结构能够帮助学生利用其中的大概念来组织信息，并运用大概念来解决新问题；另一方面促进了学生高阶思维水平的提升，让其在跨时间、跨地点、跨情境的理解与迁移过程中整合思维，创造性地解决问题。

参考文献：

[1] 温·哈伦.科学教育的原则和大概念[M].韦钰，译.北京：科学普及出版社，2011.

[2][3][5][6] 林恩·埃里克森，洛伊斯·兰宁.以概念为本的课程与教学：培养核心素养的绝佳实践[M].鲁效孔，译.上海：华东师范大学出版社，2018.

［4］李春艳.中学地理课程中的概念建构与学习进阶［J］.课程·教材·教法，2016（4）：38-43.

［7］［8］格兰特·威金斯，杰伊·麦克泰格.追求理解的教学设计［M］.闫寒冰，宋雪莲，赖平，译.上海：华东师范大学出版社，2017.

主题式教学在高三地理复习课中的应用
——以"国际背景下的中国产业发展"一课为例

徐 夏[①]

主题式教学是以内容为载体,以文本内涵为主体所进行的教学活动,是一种通过主题探究与学习来发挥学生的主体建构性,从而实现学生全面发展的教学形式。[1]主题探究,即围绕一个有意义的主题进行多角度、有深度的探究,这种探究是课程整合、知识整合、个体实践行为整合的有效方式,可以加速学生对新内容的理解内化。本文以高三地理复习课"国际背景下的中国产业发展"为例,阐述主题式教学如何打破常规复习专题的局限,着眼学生地理综合思维能力提升的教学实践。

一、主题式教学在高三地理复习课中的实施流程

在高三地理复习课中应用主题式教学,首先应根据高三复习课的性质、特点和功能来确定主题式教学的任务及步骤,明确教学实施流程。在实践中,我们探索出"课程学习,疑问反馈→主题选择,目标确立→组织材料,问题导学→自主思考,讨论辅助→知识建构,归纳提升"的教学实施流程(图1)。

二、主题式教学应用实例

下面以高三地理第二轮复习课"国际背景下的中国产业发展"为例,展示主题式教学的应用思路和过程。

1. 课程学习,疑问反馈

(1)学情分析:在高三第一轮复习中,学生对农业、工业、商业、交通运输业等主要产业的区位条件、区位选择有了一定的理论认知,进行了

---

① 徐夏,山东省青岛市西海岸新区实验高级中学一级教师。

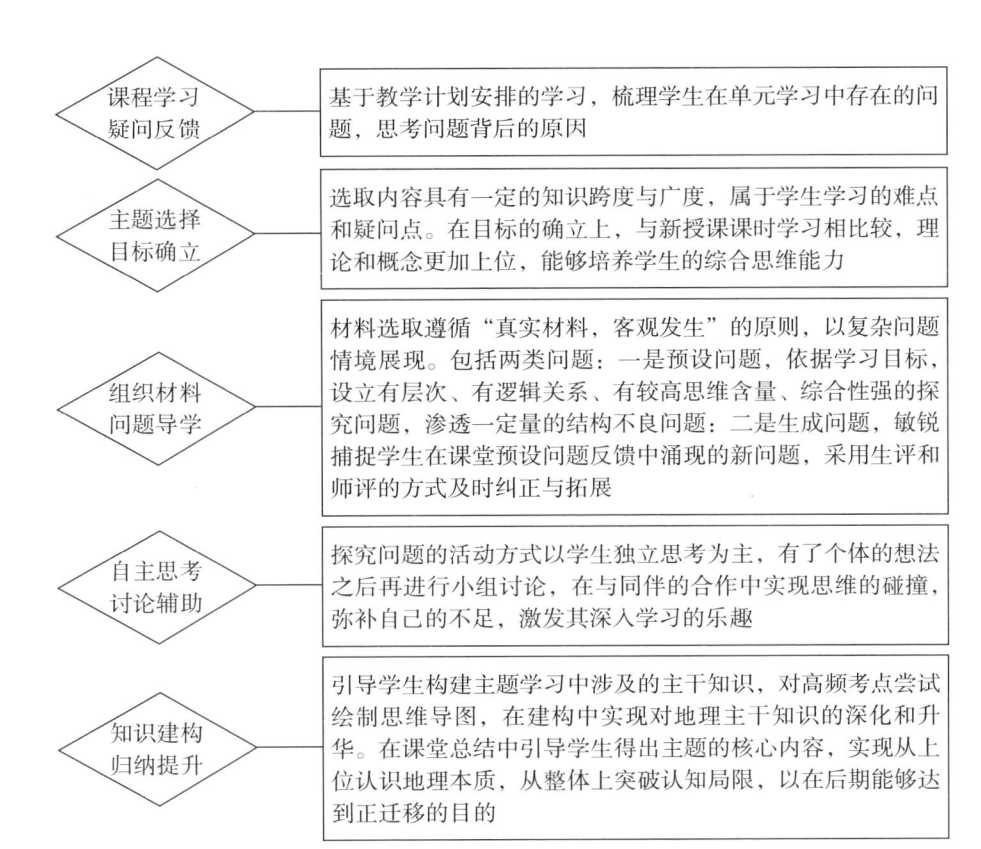

课程学习疑问反馈	基于教学计划安排的学习，梳理学生在单元学习中存在的问题，思考问题背后的原因
主题选择目标确立	选取内容具有一定的知识跨度与广度，属于学生学习的难点和疑问点。在目标的确立上，与新授课课时学习相比较，理论和概念更加上位，能够培养学生的综合思维能力
组织材料问题导学	材料选取遵循"真实材料，客观发生"的原则，以复杂问题情境展现。包括两类问题：一是预设问题，依据学习目标，设立有层次、有逻辑关系、有较高思维含量、综合性强的探究问题，渗透一定量的结构不良问题；二是生成问题，敏锐捕捉学生在课堂预设问题反馈中涌现的新问题，采用生评和师评的方式及时纠正与拓展
自主思考讨论辅助	探究问题的活动方式以学生独立思考为主，有了个体的想法之后再进行小组讨论，在与同伴的合作中实现思维的碰撞，弥补自己的不足，激发其深入学习的乐趣
知识建构归纳提升	引导学生构建主题学习中涉及的主干知识，对高频考点尝试绘制思维导图，在建构中实现对地理主干知识的深化和升华。在课堂总结中引导学生得出主题的核心内容，实现从上位认识地理本质，从整体上突破认知局限，以在后期能够达到正迁移的目的

图 1　主题式教学实施流程示意图

相应的训练，但由于各产业知识相对割裂、产业间的知识融通性不足，学生在面对现实复杂问题时思维存在局限，特别是当试题的背景放大到全球领域，涉及中外合作、贸易冲突时，学生理解的难度提升。通过对学生所反馈的疑问进行归纳总结，发现他们出错的根本原因是不能从一个上位的角度对相关知识进行思考。

（2）考情分析：通过对近五年高考文科综合卷地理试题的分析发现，在"一带一路"倡议的大背景下，涉及考查国际背景下产业发展的内容分值多、频次高，对应材料及设问新颖，其考查点集中表现在以下四个角度：产业区位的比较优势，产品市场的比较优势，产业合作对双边的影响，产业发展战略。在"以考促教"的核心功能下，教师应注重对学生世界格局、大国担当、合作共赢、责任意识的培养。

从以上两方面可以看出，对世界背景下的产业发展进行专门的训练是非常有必要的。主题设计的依据是学生疑问点出现的频率高低和对主干知识负迁移的集中程度。教师通过调查分析，能够辨别学生的认知障碍，并在此基础上思考单元主题的选择。

2. 主题选择，目标确立

（1）主题选择：如何打破单元的限制，既能落实产业知识在全球背景中的应用，培养学生的综合思维素养，又能尊重学生的认知规律，提升其学习兴趣？笔者借鉴了目前高考试题对真实情境的呈现方式，把本节课的主题确立为"K企业的发展之路"，将其背后的上位思想确立为"我国在全球经济链条中分工位置的变化"。从一家中国纺织服装企业的故事展开，让学生置身于企业行为的角度去解决相关问题，这与当前"一带一路"倡议所体现的"讲好中国故事，体现大国担当"是一致的。

（2）目标确立：由于本专题涵盖了必修2模块的各产业内容，课程标准中并没有直接相关的要求，围绕主题内容，将目标确立如下：①以K集团为例，能够结合材料说明工业的区位选择、区位因素的变化对企业决策的作用、影响工业转移的因素，并能正确分析工业转移带来的影响；②通过材料分析中国产业升级的策略，以及现代网络平台在世界经济体中的助推作用；③从地理角度思考经济全球化背景下中国产业发展的历史、现状和趋势，运用时空综合和要素综合思维解释产业现象，解决产业问题。

高三地理复习课中确立的主题式教学目标，应依据课程标准，摆脱章节限制，对其进行进一步的归纳与提升。高三学生面临高考这一终结性评价，从服务高校选拔人才的角度出发，在目标的确立上，应侧重培养学生解决复杂、真实地理问题的能力，体现地理四大核心素养中的综合思维的培育。

3. 组织材料，问题导学

材料选择至关重要，问题设计更是决定着学生思维激活的力度。研究表明，有效的问题设计应"体现层次性、跟进性，使学生对问题的认识由浅入深、由表及里、由技能训练到情感升华，使学生学有所得，练有所获,思有所悟,体验学习过程,享受学习乐趣"[2]。"K企业的发展之路"以时间序列选取适当的图文材料,关注三个发展节点:一是从国内走向国外;二是从低端走向高端;三是从低速走向高速。

【材料一:落户南州,合作共赢】

中国为保护棉农利益,控制国际棉花进口,国内的棉花价格约比国际市场高1/3;美国的工业用电价格每度电约是中国的1/2;欧美国家多轮提高关税,出口利润大幅度下降。美国南卡罗来纳州位于美国棉花产区中心位置(图2),曾是美国有名的纺织业重镇,到了2007年,当地的纺织工业几乎消失殆尽,为重振经济,当地政府提出再次引入纺织工业的构想。K集团总部位于杭州,从事纺织服装一体化经营,2014年K集团选择在南卡罗来纳州建设分厂生产棉纺。车间里,来自杭州的技术指导教美国工人操作从中国运来的纺纱机。部分从得克萨斯州、路易斯安那州运来的原棉已变成细密的纱锭,将被运往美国其他州、南美和中国。

预设问题:

1. 简述K集团选择在该地生产棉纺比起在国内生产,优势有哪些?
2. 分析K集团落户南卡罗来纳州对当地的有利影响。

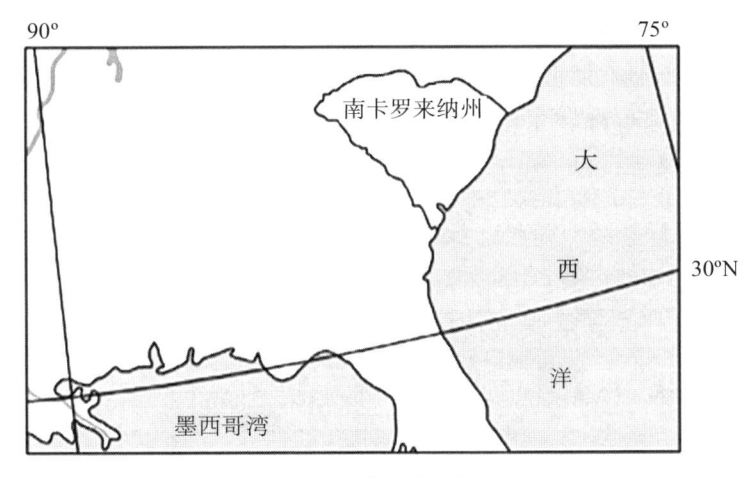

图2 南卡罗来纳州

所选的材料承载了以下地理主干知识:产业转移的原因、产业转移中企业如何寻求更优的区位。学生首先要读透教师预设的问题,抓住三个关键词:该地、棉纺、优势。通过学生的误答可以看出,他们容易将影响工业的区位因素机械搬迁，因此，教师要引导学生列出关于工业区位因素和产业转移因素的思维导图，落到题干的比较优势上，以此打破地理学习的章节局限，提升综合思维。教师在总结时通过微笑曲线图向学生展示中国早期企业在全球经济链条中的分工位置处于下游，由此带来一系列问题，使学生认识到"经济链"这一上位概念。

【材料二：科技研发，增强竞争】

随着企业的良好发展，K集团在2017年继续扩建二期工程，计划引入织布厂、印染厂、轧花厂、服装厂等下游企业，但由于世界多家纺服企业的入驻，当地开始出现用工荒。世界纺服产业竞争激烈，K集团为了增强优势，引入国内天然彩棉（通过生物技术，将不同颜色的基因植入到棉花植株上，就可以得到各类颜色亮丽的彩棉）生产线，涵盖了从棉纺、织造、整理到高档服装成品的全产业链生产线，在中高端市场颇受欢迎。

预设问题：

1. 针对用工荒，在K集团着手扩建二期工程时，你有什么建议？

2. 与传统白棉加工业相比较，天然彩棉有哪些优势？你还能想到哪些提升K集团纺织服装竞争力的策略？

在当前政府行为逐渐淡出、市场起重要杠杆作用的大背景下，提升市场竞争力是所有产业面临的问题，这也是高考试题中的高频考点。学生通过独立思考，结合同伴的讨论探究，及时进行知识的总结，课堂生成思维导图，有利于迁移运用能力的提升。教师总结使学生进一步完善上位概念：以K集团为代表的中国企业正逐渐走向全球经济链条中的中上游，产品（业）附加值不断提升。

【材料三：电商外仓，助力销售】

K集团的产品实行厂家直销，主要通过电子商务平台接受订单，通过物流快递到千家万户。随着国外订单的不断增多，跨境贸易迅速增长，为此K集团打算在西欧设立自己的"海外仓"（"海外仓"是指跨境电商企业按照一般贸易方式，将商品批量出口到境外仓库，电商平台完成销售后，再将商品送达境外的消费者手中）。

预设问题：

1. K集团设立海外仓的好处有哪些？会有哪些缺点？

2. 从区位的角度分析K集团在西欧建设海外仓应遵循的原则。

通过"海外仓"的背景设置，设置结构不良问题，引导学生在新颖、真实、复杂的场景中进行问题探究，有助于培养学生的辩证思维和发散思维。

主题式教学中对于材料的选取与整合，应基于目标的达成，有助于培养学生获取有效信息的能力，要求材料内容简洁，语言简练，排除不必要的干扰信息，凡是选取的都是必需的；形式力求多样化，包括文字、图形、数据等；答案具有一定的隐含性和概括性，尽量避免答案在材料中的直接呈现。这样的材料能够实现学生针对问题从多角度、多层次获取信息，能够与学生头脑中已有的知识构成恰切的关联，学生能够在新的材料情境中通过现场学习，对原有知识结构做出适当调整。

主题式教学中对于问题的设计分为预设问题和课堂动态生成问题。前者要有梯度，更要有挑战性。《普通高中地理课程标准（2017年版）》明确规定，选择性考试地理科目应符合学业质量4的要求。试题要保持一定的难度和区分度，因此，在主题式教学的问题设计上，既要注重基础性和综合性，更应体现创新性和应用性，同时设计一定量的结构不良问题，使学生的思维充分展开。课堂动态生成问题往往发生在对预设问题的反馈中，教师应提高捕捉学生误答的灵敏度，通过生生评价和师生评价加以修正完善。

4. 自主思考，讨论辅助

课堂活动的展开应以学生独立自主思考为主，教师点拨为辅，并在学生之间展开适当的交流讨论。高三学生面临高考这一选拔性考试，需要在限定的时间、指定的空间，高质量地完成纸笔测试，因此在主题式教学的课堂活动中也应给予他们同样的训练氛围，让他们在独立思考中实现思维的综合性，通过深度思考，启发创新性思维。

5. 知识建构，归纳提升

（1）知识建构：结合本节课所学，谈谈K集团的行为是如何影响它在曲线中的位置变化的（图3）。

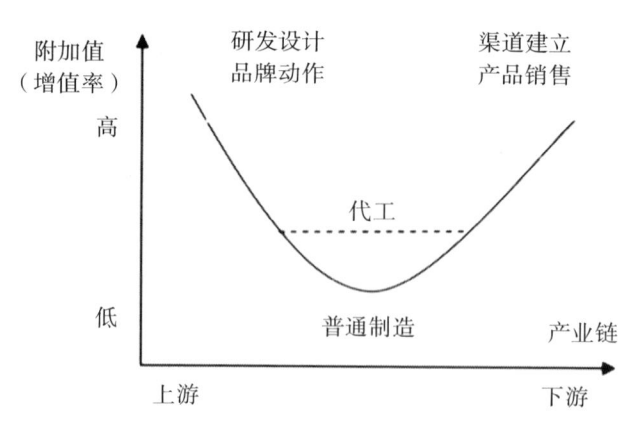

图3 K集团产业发展微笑曲线图

通过微笑曲线图引导学生梳理本节课的主要内容，总结出K集团最初阶段是传统劳动力密集型的普通制造工厂，通过技术提升实现产品迭代，通过电商和"海外仓"的设立扩展销售渠道。这是我国当前广大企业的缩影，它们在世界经济链中的分工正在走向上游。教师引导学生将本节课的知识高度概括在一幅图中，突出主题，加深印象，也激发了学生的民族自豪感、自信心和责任意识。

（2）归纳提升：K集团在产业价值链中位置的提升是这节课的主线，促成其转变的根本原因是学生真正需要理解的。教师可以引导学生将产业之间的联系、竞争的发生过程以框架图的形式展示出来（图4），促使学生

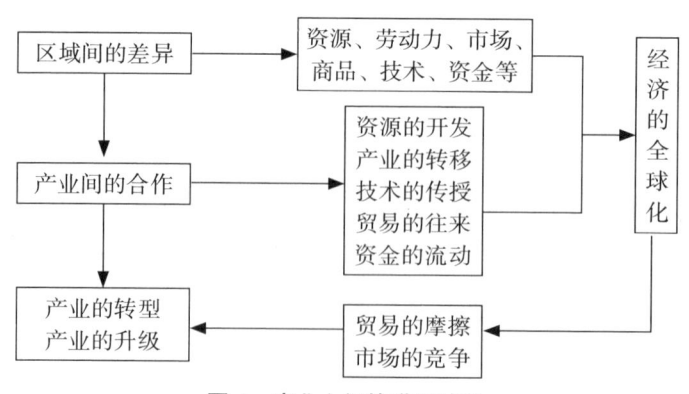

图4 产业之间的联系过程

透过现象认识本质,从而提升他们辨别、分析产业现象的综合能力。

主题式教学中的课堂总结环节是点睛之笔。从学生疑问而来,抓住疑点开展一系列的课堂活动,最终能否使学生融会贯通、由一而十,这取决于知识归纳的准确性和普适性。为此,教师自身首先要进行深度思考,对学生的课堂探究活动有一个精准的、上位的引领。在课堂活动方式上,可以设计多种途径引导学生自己得出结论。

总之,主题式教学可以增加教学的广度和深度,使学生对知识的运用更加综合和灵活,为综合思维素养的培养提供了广阔的空间。

参考文献:

[1] 李祖祥. 主题教学:内涵、策略与实践反思[J]. 中国教育学刊,2012(9):52-56.

[2] 胡学发. "问题驱动、多元导学"教学法研究[J]. 中学历史、地理教与学,2013(4):43-46.

[3] 梁梅青,乐淮辉. 重组性迁移在主题式教学中的应用研究——以高中地理教学为例[J]. 地理教学,2019(9):17-20.

第三节　拓宽资源，多渠道促进地理课程建设

融入区域资源　推进高中地理育人方式变革

赵丽霞[①]　董英豪[②]　杨青华[③]　秦龙洋[④]

长期以来，受"课程资源即教材知识""课程实施偏向读背练考"的认知局限的影响，部分高中地理课程实施中仍存在重"育分"轻"育人"、偏"知识"薄"素养"、亲"教材"远"课标"、重"说理"难"落地"等问题，使得教师的"教"、学生的"学"与生活实际严重脱节。《普通高中地理课程标准（2017年版）》（以下简称"课程标准"）中提出，高中地理课程的总目标是通过地理学科核心素养的培养，从地理教育的角度落实立德树人根本任务，要求在自然、社会等真实情境中开展丰富多样的地理实践活动。[1]为此，我们选取区域资源与高中地理课程融合作为切入口，尝试探索高中地理育人方式变革的策略。

一、区域资源融入高中地理课程的意义

本文界定的区域资源指在学校及周边区域内，可以用于高中地理教学的自然、人文资源，如地形、气候、水文、植被和土壤等自然地理事象，以及工农业生产、城市变迁、社区文化、民俗风情和名胜古迹等人文地理事象。融入区域资源的高中地理教学，以提升学生地理学科核心素养为出发点和落脚点，围绕相应的教学主题，将区域资源转化为课程资源并融入国家课程，有效提升学生的区域认知与地理实践力素养，提高学生运用一

[①]　赵丽霞，河南省郑州市教育局教学研究室，中学高级教师。
[②]　董英豪，河南省郑州外国语学校教师，中学一级教师。
[③]　杨青华，河南省郑州市第一中学教师，中学高级教师。
[④]　秦龙洋，河南省郑州市第七高级中学教师，中学一级教师。

定的方法、工具进行区域地理问题分析和解决现实问题的能力，让学生在关注家乡的过程中厚植乡土情感，培育家国情怀。

（一）利用区域资源的鲜活性，关联书本知识与真实世界

教育家怀特海说：教育只有一个主题，那就是五彩缤纷的生活。[2]山川草木、行云流水、城邑农商，都是地理学的研究舞台，更是高中地理教学的鲜活素材。课程标准明确指出，要转变教学方式，把简单的讲授式教学转化为学生在真实情境中的任务式学习。鲜活、丰富的区域资源能够提供独立的、关联的、整合的真实情境。鲜活生动的真实情境通过地理过程推演，既有利于学生在系统、有序、逻辑、规范的基础上科学地构建地理概念和地理原理，又有利于学生在自由、开放的原生态下主动发现、生成和涵养地理学科素养。[3]因此，在课程标准的统领下，探究区域优质地理资源和国家课程的契合点，打通书本世界和现实世界有机联系的通道，开展基于真实情境的教学，是培育学生学科核心素养，使地理学科的育人功能和价值得以体现的有效途径。

（二）利用区域资源的地方性，培育学生的家国情怀

家国情怀教育可以引发学生对家乡、国家、地球等不同尺度区域的关注，引发学生对区域的认同感与归属感，打下区域建设与保护的情感基础。家国情怀涵括了国家认同、家乡归属、文化传承和社会担当[4]，在塑造人格、引领思想价值观方面具有不可或缺的作用。家国情怀的培育是很多学科的共同要求，中学地理课程也肩负着此重任。从空间尺度而言，地理课程所要培育的"家国情怀"既包含小尺度的对家乡的情感，又包含大尺度的对国家乃至全球性问题的关注。而在诸多空间尺度中，学生所生活的区域是学生最熟知的地理环境，借助区域资源更能增强学生对家乡的了解，从而增强其归属感与乡土情怀，由小家及大家，进而激发其热爱祖国、保护地球的热情。

二、区域资源融入高中地理课程的路径

区域资源融入高中地理课程的思路如图1所示：基于课程标准中的内

容要求，提炼出学科核心概念；围绕学科核心概念将区域资源与内容要求对照，寻找并确定适当的融入方式；根据融入方式，依托区域资源创设问题情境并设计相应的学习任务。

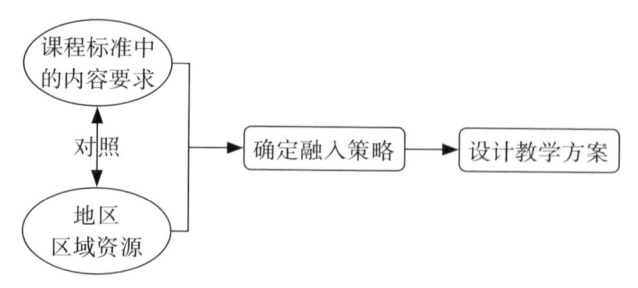

图 1 区域资源融入高中地理课程的思路

（一）解读课程标准，构建学科核心概念知识地图

解读课程标准并构建核心概念知识地图，是区域资源融入国家课程的前提；分解课程标准中的内容要求，是解读课程标准的关键。具体路径是：从行为条件、行为动词、核心概念三个维度分解内容要求，提炼出学科核心概念，剖析核心概念的内涵和外延，构建核心概念的知识地图。下文以课程标准中必修地理1"1.7 运用示意图，说明水循环的过程及其地理意义"这条内容要求为例来对这一具体路径进行说明。

1. 分解内容要求

解读内容要求，提取出核心概念，明确内容要求中的行为动词、行为条件和核心概念，得到内容要求分解结果（表1）。

表 1 内容要求分解示例

内容要求	运用示意图，说明水循环的过程及其地理意义		
核心概念	水循环	环节和过程	地理意义
行为动词	说明		
行为条件	运用示意图		

2.剖析核心概念并构建知识地图

核心概念"水循环"按照发生领域范围可分为海陆间水循环、陆上内循环和海上内循环三种，其过程包括蒸发、蒸腾、水汽输送、降水、地表径流、下渗、地下径流等环节。我们主要从其对水文、气候、地貌等方面的影响分析其"地理意义"，在此基础上构建核心概念"水循环"的知识地图（图2）。

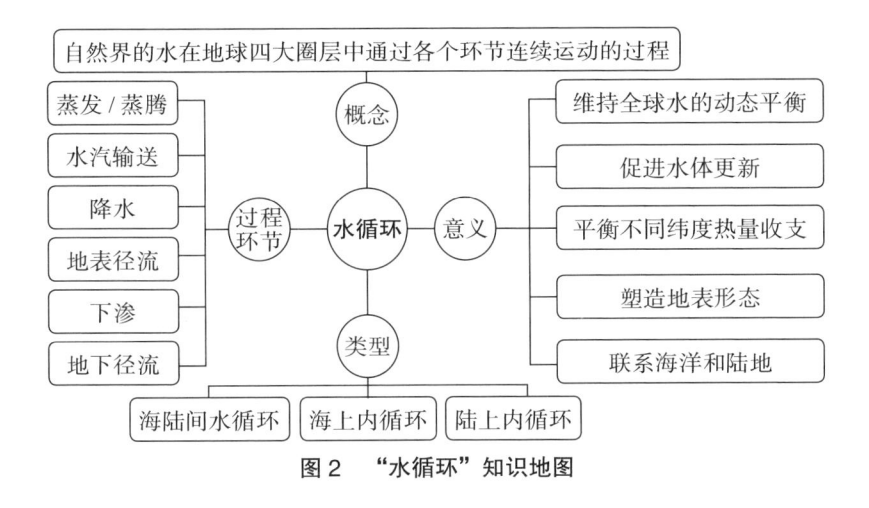

图2 "水循环"知识地图

知识地图可以引导学生将碎片化的知识统整为具有逻辑性的学科知识体系，明确核心概念在普通高中地理知识体系中的位置，形成完善的思维结构。

（二）开发区域资源，建设区域资源库

开发区域资源，建设区域资源库，是区域资源融入国家课程的基础。普通高中地理教材面向全国，所选案例具有代表性和典型性，课程标准里内容要求中行为条件的表述多为"以某区域为例""结合实例"等。但有时，具有普适性的案例与学生的生活经验和认知可能不完全匹配，因此，融入区域资源是有效的补充。而区域资源或案例的选取，需要以区域课程资源库的构建作为基础。

我们可以通过查阅文献、实地考察等方法，调查优选区域资源，建立地理实践基地和区域课程资源库，将区域资源转化为课程资源。以我国八大古都之一的郑州为例，其地处我国二、三阶梯过渡地带，西靠嵩山，北临黄河，自然环境多样，人文历史悠久。依托郑州地区典型的自然、人文地理资源，可以构建以"天地之中""峻秀中岳""滔滔大河""中原明珠"为主题的区域资源库（表2）。

表2 郑州地区区域资源库示例（部分）

主题	区域资源		资源类型			
			图文资料	视听资料	标本模型	实践基地
天地之中	以观星台为主体的天文历法遗产	郭守敬观星台	√	√	√	观星台
		周公测影台	√	√	√	
		仰仪	√	√	√	
		正方案	√	√	√	
峻秀中岳	以嵩山为主体的地质地貌景观	"五代同堂"的嵩山地层	√	√	√	嵩山地理实践基地
		九龙潭底砾岩	√			
		嵩山石英岩	√	√	√	
		卢崖瀑布	√	√		
		石淙河岩溶地貌	√	√	√	
		石淙河阶地	√	√		
		范家庄洪积扇剖面	√	√	√	
滔滔大河	以黄河为主体的河流湖泊水系	黄河的水文、水系特征	√	√		黄河湿地公园
		黄河的水库	√	√	√	
		黄河沿岸的丁坝	√	√	√	
		圃田泽的古今变迁	√	√	√	
		石淙河的前世今生	√			嵩山地理实践基地
		太子沟的塘坝	√	√	√	
中原明珠	以郑州为主体的中原城市群	现代交通托起腾飞之路——郑州	√	√	√	
		中心城市笼罩下的历史文化名城——开封	√	√	√	
		古都文化与现代工业融合——洛阳	√	√	√	
		城郊发展的典范——中牟	√	√	√	

（三）研制区域资源与课程标准中内容要求的双向对照表，确定融合点

研制区域资源与课程标准中内容要求的双向对照表，确定融合点，是区域资源融入国家课程的关键。双向对照表的建构需要结合课程标准的要求、学生的认知水平、资源之间的相互关联程度，从区域资源库中筛选出能够服务于该主题下学科核心概念的区域资源。以郑州地区部分区域资源为例，按照相应主题研制区域资源—课程标准中的内容要求双向对照表，结构如表3所示。

表3 区域资源—课程标准中的内容要求双向对照表示例（部分）

主题	课程标准中的内容要求	区域资源
天文	选择性必修1 1.1 结合实例，说明地球运动的地理意义	观星台、周公测影台、仰仪、正方案
地质地貌	选择性必修1 1.3 结合实例，解释内力和外力对地表形态变化的影响，并说明人类活动与地表形态的关系	"五代同堂"的嵩山地层、九龙潭底砾岩
地质地貌	必修地理1 1.4 通过野外观察或运用视频、图像，识别3~4种地貌，描述其景观的主要特点	石淙河岩溶地貌、石淙河阶地、范家庄洪积扇剖面
水文	必修地理1 1.7 运用示意图，说明水循环的过程及其地理意义	圃田泽的古今变迁

（四）确定融合方式与策略

区域资源与国家课程的融合方式与策略，是区域资源融入国家课程路径的核心。通过对本项目的长期探索，我们总结出两种融合方式和对应的两种策略。

1. 区域资源与室内教学融合

区域资源融入室内教学，生成"融入区域资源，解决真实问题"的室内教学案例。对应的策略是以课程标准中某条内容要求或其中某个核心概念为核心，整合相关区域资源进行融合开发。根据区域资源在室内教学中所承担的功能，分为两种类型：贯穿式与嵌入式。贯穿式，即将区域资源作为一个完整案例，贯穿课堂始终。如在"水循环——以圃田泽为例"课例（图3）中，围绕课程标准中"运用示意图，说明水循环的过程及其地理意义"这条内容要求，以圃田泽的古貌、变迁和新颜作为一个完整案例，进行贯穿式融合。嵌入式，即将区域资源作为部分案例或学习材料，供学生自主探究与合作学习。如在"河流地貌"课例（图4）中，针对核心概念"河流地貌"，整合嵩山卢崖瀑布、范家庄洪积扇、石淙河阶地等多处区域资源，融入课程，实现河流侵蚀地貌、河流堆积地貌等分支概念的嵌入式融合。

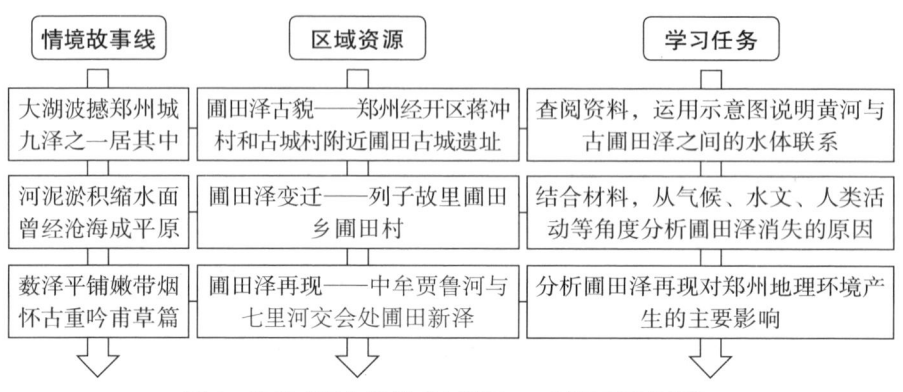

情境故事线	区域资源	学习任务
大湖波撼郑州城九泽之一居其中	圃田泽古貌——郑州经开区蒋冲村和古城村附近圃田古城遗址	查阅资料，运用示意图说明黄河与古圃田泽之间的水体联系
河泥淤积缩水面曾经沧海成平原	圃田泽变迁——列子故里圃田乡圃田村	结合材料，从气候、水文、人类活动等角度分析圃田泽消失的原因
数泽平铺嫩带烟怀古重吟甫草篇	圃田泽再现——中牟贾鲁河与七里河交会处圃田新泽	分析圃田泽再现对郑州地理环境产生的主要影响

图3 贯穿式融合课例"水循环——以圃田泽为例"

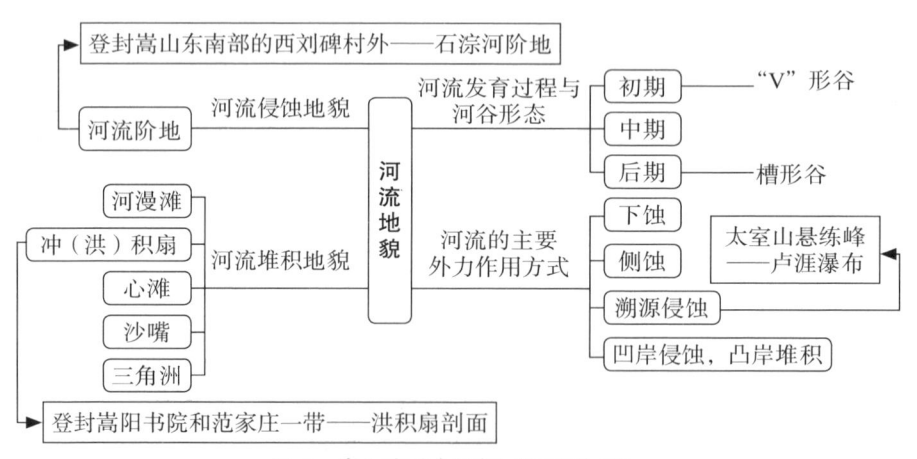

图4 嵌入式融合课例"河流地貌"

（河流地貌的结构图，包含：河流侵蚀地貌——河流阶地（登封嵩山东南部的西刘碑村外——石淙河阶地）；河流发育过程与河谷形态——初期"V"形谷、中期、后期槽形谷；河流的主要外力作用方式——下蚀、侧蚀（太室山悬练峰——卢崖瀑布）、溯源侵蚀、凹岸侵蚀凸岸堆积；河流堆积地貌——冲（洪）积扇、河漫滩、心滩、沙嘴、三角洲（登封嵩阳书院和范家庄一带——洪积扇剖面））

2. 国家课程与户外实践融合

设计基于国家课程的户外实践课程，生成"生活世界成为课堂现场"的户外实践案例。对应的策略是以某处区域资源为情境，整合课程标准中的多条内容要求或核心概念进行户外实践课程的融合开发。例如，"石淙河流域的开发"课例（图5）中，围绕"石淙会饮"这一区域资源，整合课程标准中必修地理1"1.4 通过野外观察或运用视频、图像，识别3~4种地貌，描述其景观的主要特点"、选择性必修1"1.3 结合实例，解释内力和外力对地表形态变化的影响，并说明人类活动与地表形态的关系"、选择性必修2"2.8 以某流域为例，说明流域内部协作开发水资源、保护环境的意义"、选修4"4.4 学会水质采样方法及方案设计，学会用简易方法检测水质"、选修5"5.2 举例说明某种旅游资源的成因和价值"及"5.7 举例说明旅游开发过程中的环境保护措施"等多条内容要求进行拓展式融合的教学设计。

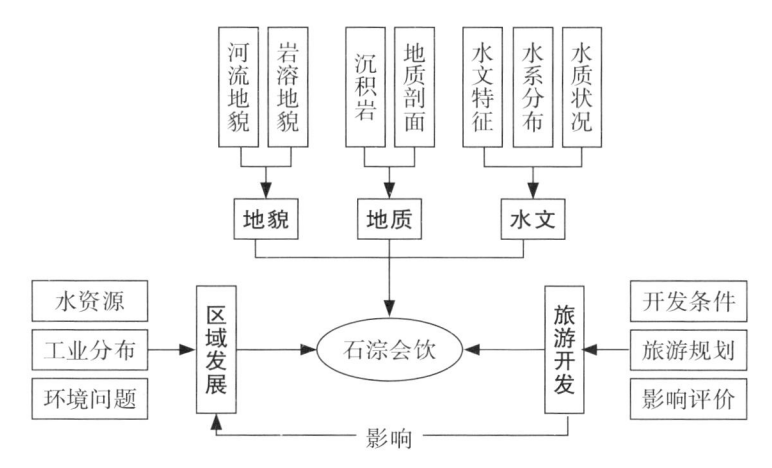

图5 拓展式融合课例"石淙河流域的开发"

例如，"石淙会饮"景区有北方罕见的典型岩溶地貌自然景观，也有武则天多次巡游并与群臣宴饮、诗酒盛世的历史遗存。曾经水石交融、风景旖旎、历史厚重，如今因开发不当已是草枯河干、污染严重、盛景不复。把地理过程典型、学习内容丰富的"石淙会饮"景区这一处区域资源与上述课程标准中的内容要求对照融合，将其作为地质、地貌、水资源、工业区位、环境问题、旅游开发等多个核心概念建构的户外实践学习现场，可以帮助学生将庞杂的知识和方法体系系统化、结构化，在真实情境的沉浸式探究中逐步形成人地协调的可持续发展观念。

（五）创设问题情境，设计学习任务

教学中，教师要结合区域资源，创设生动活泼、代入感强的现实情境或故事情境，设计逻辑层次分明的进阶型主题式任务群，引导学生在情境脉络的指引下发现问题、提出问题、解决问题，培养学生的高阶地理思维。下面以"洪积扇"为例展示问题情境的创设和学习任务的设计如何推动区域资源融入高中地理课程。

【问题情境】结合区域资源登封范家庄洪积扇区位及特点，创设引入区域资源的问题情境，引出学习总任务。

迢迢河山，清流飞瀑，嶙峋怪石上激起碎玉点点。

清溪照影，松杉苍翠，两壁山崖重重，谷中郁郁苍苍。

长河流转，挟裹飞流之势，刻画嵩山巍峨风姿，赋予青山绮丽的变化。

古语有云："水利万物而不争。"今天，让我们跟随流水蜿蜒的身影，走进流水塑造的神奇世界！

【总任务】在本探究中，我们将要描述洪积扇的地貌形态，绘制洪积扇结构示意图，野外识别洪积扇。

【学习任务】逻辑层次分明的进阶型主题式任务群。

任务1：洪积扇结构的书面认知与简单描述（室内借助洪积扇模型或示意图完成）。

任务2：洪积扇结构的野外识别与观察记录（户外实地考察记录洪积扇景观）。

子任务①：查阅等高线地形图，结合实地观察，概括考察点地形特征以及沉积物特征。

子任务②：观察沉积物剖面，思考不同粒径的沉积物在垂直方向上有何分布规律，为何会形成这样的分布规律（户外实地发现并记录）。

子任务③：绘制、描述洪积扇的结构特征。

通过创设问题情境，可以将区域资源转化为课程资源，激发学生的学习兴趣和探究欲望。通过进阶型主题式任务群设计，引导学生在真实情境中进行逐步深入的探究，提升解决现实问题的能力，发展地理学科核心素养。

融入区域资源的高中地理教学设计，依托真实情境开展教学活动，一方面，能够增强学生的学习兴趣和探究能力，提升教师的专业能力和教学水平；另一方面，通过挖掘区域资源，丰富地理教学内容，唤醒学生的文化自信和乡土情怀，培养学生的家国情怀，强化学生的人类与环境协调发展的观念，涵养学生的地理学科核心素养，最大限度地发挥地理学科的育人功能。

参考文献：

［1］中华人民共和国教育部.普通高中地理课程标准（2017年版）［S］.北京：人民教育出版社，2018.

［2］怀特海.教育的目的［M］.庄莲平，王立中，译.上海：文汇出版社，2012.

［3］赵丽霞，杨青华，杨进伟.基于真实情境的地理实践力课程建设［J］.地理教学，2020（12）：61-64.

［4］陈杰，刘恭祥，陈焜.论地理课程"家国情怀"的内涵与培养［J］.地理教学，2016（22）：4-8.

高中地理课程校本化开发策略

戴文斌[①]　朱　翔[②]　胡茂永[③]

地理课程的校本化开发，是以学校为主体、由学校自主开发和设计地理课程的活动。它主要有两种形式：一是国家与地方课程的校本化，即学校和教师通过选择、改编、整合、补充、拓展等方式，对国家与地方课程进行再创造，使之更符合学生的特点和需要；二是学校设计开发新的课程，即学校立足于自身的教学需求和资源，以学校和教师为主体，开发旨在发展学生个性特长的、多样的、可供学生选择的校本课程。

英国著名课程论专家斯滕豪斯曾说"课程发展即教师发展"，高度概括了课程与教师专业发展的关系。教师参与地理课程的校本化开发，是对核心素养与地理教学的个性化理解，也是自身专业实践以及地理教育发展的必然诉求。开发有利于地理学科核心素养养成的校本化课程，有助于促进教师教与学生学方式的变革，丰富教学内容，提升教学质量。

一、地理课程校本化开发的原则

1. 坚持基础性、多样性与选择性并重

高中地理课程的校本化开发，首先应从有利于地理学科核心素养培育的角度来考虑，在校本化课程与地理学科核心素养培育的阶段性特征中寻求结合点，要考虑教学实践中国家、地方、学校三级课程的关系，并由此建构科学合理、功能互补的课程体系，使得课程体系具有基础性、多样性与选择性，努力做到学科特点、教学需求与学生认知规律的统一。

[①] 戴文斌，江苏省常州市北郊高级中学教师，中学高级教师。
[②] 朱翔，湖南师范大学资源与环境科学学院教授。
[③] 胡茂永，湖南教育出版社地理编辑室主任，副编审。

2. 力求科学性、实践性与时代性统一

高中地理课程的校本化开发，应强调选择有利于地理学科核心素养形成的课程内容，力求科学性、实践性、时代性的统一，其中"实践性"暗含了地理学科核心素养中的"地理实践力"。地理课程内容选择的出发点是有利于地理学科核心素养的培育，追求其育人价值，使学生学到对现在与未来生活有用的本领。

二、地理课程校本化开发的策略

1. 素养为魂

高中地理课程旨在"培养学生必备的地理学科核心素养"。[1]地理学科核心素养是地理学科育人价值的概括性、专业化的表述，是知识与技能、过程与方法、情感态度与价值观三维目标的整合与提炼，是学生在课程学习后应对真实问题时所表现的必备品格和关键能力。地理课程校本化开发应立足于国家顶层设计倡导的核心素养，深入思考，指导教学，最终将教学过程导向学生核心素养的培育；应选取合适的案例或学习建议，使核心素养能够在具体教学单元中得到有效落实。

以"区域认知"为例。我国区域发展的现状为：沿海地区面临着产业升级与开放创新的双重压力，中部地区面临着追赶与转型的双重压力，西部地区面临着经济发展与环境保护的双重压力，东北地区面临着体制改革与产业升级的双重压力。课程开发中需要涉及我国不同区域的位置与特征、区域间的差异及联系等，选择认知区域的尺度、方法和工具也应有讲究。在描述地理位置时，要选用合适的比例尺及包含位置信息的地图；在认识区域特征时，要筛选区域内各要素凸显的表征；在比较不同区域的差异时，可通过要素现象或本质、类型或结构、状态或过程等进行区域间的比较。在将"区域认知"作为课程切入点的同时，要予以要素综合、时空综合与地方综合，利用合适的方式促进学生人地协调观的形成。

2. 关注群体

加德纳的多元智能理论倡导用赏识和发现的目光去看待学生。学生的群体差异不应该成为教育的负担，而应该是一种宝贵的资源。学生的群体差异与学科知识掌握的差异在教学中存在一定的关联度。例如，不同性别的人的空间感知能力普遍存在差异，会导致男女生对"地球运动"等相关课程的学习过程与结果的差异。因而在教学实践中，课程的开发应考虑不同学生群体可能存在的智能优势或弱势，在开发之初进行必要的教育测量工作，采集以往教育教学中的数据进行分析与总结，并引导教师选择适合不同学生群体的方法，指引教师就学生的群体差异进行有针对性的教学。这也是学生个性化学习发展的基本要求。

3. 依托技术

地理信息技术参与教学过程，可达到传统教学方式无法达成的高效。充分利用数字星球系统、Google Earth（谷歌地球）、RS（遥感）、GNSS（全球导航卫星系统）、GIS（地理信息系统）、VR（虚拟现实）、AR（增强现实）等一系列地理信息技术，可以营造更加直观、实时、生动的地理教学环境。地理信息技术不仅是地理教学的辅助工具，还应是促使师生的思维方式、教与学的方式、认知层次转变与提升的催化剂。同时，在教学实践中借力地理信息技术，还是落实地理实践力素养的具体实践。因此，课程的开发应顺应课程标准及核心素养培育的要求，加强对地理信息技术在地理教学中的渗透方式与过程的关注。例如，利用地理信息技术对长江三峡进行三维仿真模拟（图1），教学时学生可自行探究诸如海拔、相对高度、坡度、起伏状况等一系列河流地貌的特征，在一定程度上弥补课堂中教师无法带领学生外出实践的缺憾。

图1　长江三峡"V"形谷虚拟现实示意图

4. 全面教学

全面教学是立足于学生已有认知，确定主题问题并模拟科学研究的教学活动。实施全面教学，教师应尽可能提供新颖、可读、有趣的素材并设计真实的教学情境，以此引导学生进入情境并进行深入探究。完整呈现问题和情境并将其作为学生学习的基础和背景，避免了将情境仅仅作为导入教学的方式。以问题链为线索贯穿教学内容，能够引导学生在充分理解情境的前提下展开学习，有助于学生对学科知识的掌握。

全面教学的流程类似于模拟科学家进行的探究活动（图2）。学生面对现实世界的真实情境，从思考如何解释新问题开始进行探究，围绕情境中问题的解决来促进自身核心素养的发展。情境沟通了生活世界与科学世界，既是学生认知的桥梁，也是知识转化为素养的媒介。通过知识与情境的整合，问题得以情境化与生活化，知识被置于有意义的教学中。问题的情境化设计，应来源于学生生活，并充分考虑学生的最近发展区，以学生的认知水平与知识基础为起点，同时注重与核心概念的关联，通过对问题信息的预测、收集与比较，最终形成结论并展示评价。

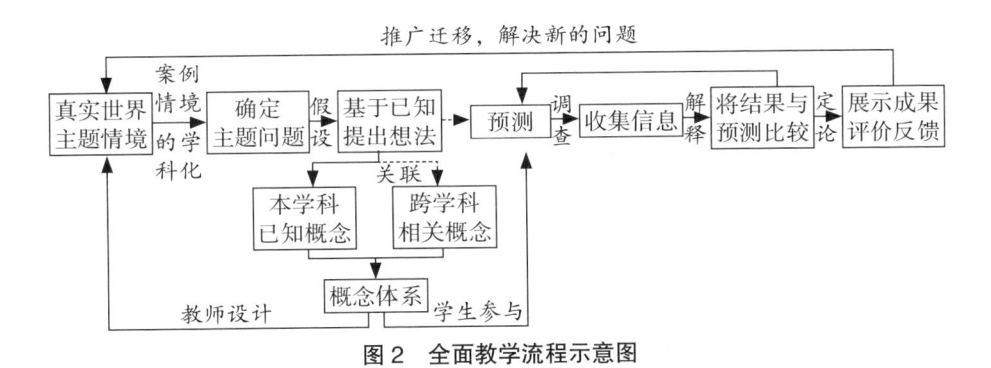

图2　全面教学流程示意图

5. 单元学程

单元学程即学生进行单元学习的历程。课程内容拟定的单元可不依照原先的知识结构体系，而是指向地理学科核心素养某一关键要素与关键能力，专门设计相对独立的学习单元。单元的划定应以学生需习得的素养为依据，容量大小可根据教学需要确定。

单元学程的设计，首先要创设一个包含目标、问题与任务且联系学生生活、有学习意义的情境，从而激发学生对地理学习的兴趣与热情，继而以情境中的任务为载体，贯穿大量的优秀教学素材来进行教学实施，以防止学科知识教学的碎片化。单元学程的设计在于明确教学需求、目标、内容、实施与评价等环节（图3），建构一个大情境、大问题、大任务的大单元教学。教学的设计应重视对核心素养的内涵与表现及其发展水平的分析，教学的开展还应强调对教学内容与主题情境关系的分析。此外，还应当关注地理学科整体的课程单元，与之关联以避免单元学程的设计脱离学科整体规划。

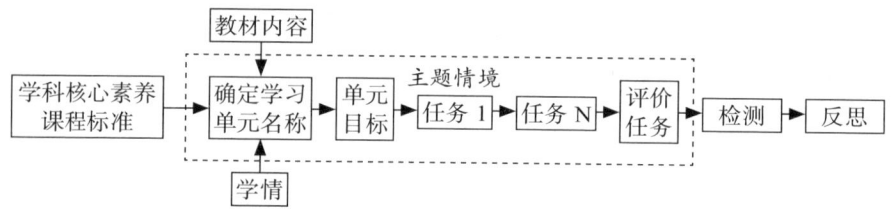

图3 单元学程的设计示意图

三、地理课程校本化开发的内容环节

地理课程的校本化开发，可以从教学概览、教学目标与内容、案例选取、实施建议、资源形式、单元测评等一系列内容环节来进行设计。

（1）教学概览旨在让教师从整体上把握教学内容，阐明单元学程内容，设计内容结构或逻辑关系图，提出指向核心素养养成的教学方式建议。

（2）教学目标与内容的开发应充分考虑学生的最近发展区，设计真实且有意义的教学情境以供教师参考；应遵循基础性、多样性、选择性并重的原则，密切联系学生生活与社会实际，重视基本的地理过程与规律，注意反映地理学科研究的最新成果，注重培养学生解决实际问题的能力，凸显地理学科核心素养的渗透与落实。此外，还可以编排大量图文资料、选学材料，增强教学内容的开放性。

（3）案例选取应充分结合信息技术与网络资源，明确教与学的流程，同时，围绕核心素养的渗透与落实进行典型案例的设计并给出设计的依据。

（4）实施建议的拟定应结合课程标准对此单元学程的目标设计与教学建议，并突出在此单元学程中教与学需要注意的内容。

（5）资源形式可以交融使用传统与现代教学方式，尽可能借助互联网呈现全面、多维、开放的课程资源。

（6）单元测评的开展应注意使用多元化的评价方式，关注学生在地理学习过程中的参与状态、学习方式和思维方式，以及学生在学习过程中表现出来的主动性、创造性，发挥评价的发展性作用；将形成性评价嵌入教学过程，努力形成及时且有针对性的反馈，并利用评价监测学习任务的达成度。

参考文献：

[1] 中华人民共和国教育部. 普通高中地理课程标准（2017年版）[S]. 北京：人民教育出版社，2018.

大台风吹来新思考
——地理课堂教学中核心素养的落地思考

叶克鹏[①]

《普通高中地理课程标准（2017年版）》（以下简称"新课标"）提出学科核心素养，强调学业质量标准和情境创设。在课程改革中，如何有效地将核心素养落地是教师需要在课堂中解决的重要问题。本文以一节题为"台风之殇"的新课标研讨课为例，思考核心素养如何在地理课堂教学中落地。

一、独上西楼——课前准备的破立间"思"素养

1. 精选教学情境，让教学活起来

新课程呼唤科学世界向生活世界的回归，新课标的一大变化就是教学强调情境的创设，特别是强调情境创设的生活性，其实质是要解决生活世界与科学世界的关系。为此，一要注重联系学生的现实生活，在学生鲜活的日常生活环境中发现、挖掘学习情境资源；二要挖掘和利用学生的经验，在课堂教学中着力构建真实、复杂甚至是两难的情境，让学生在情境中建构知识，实现知识的迁移和问题的解决。

为了更好地将经验和知识融合进一个情境中，课前教师搜集了大量有关台风的资料，思考从哪个情境入手可以更好地带动学生去学习和思考。第一份材料是关于美国的卡特琳娜飓风的。教师找到了2016年小布什在新奥尔良为十年前美国政府防御卡特琳娜飓风不力而道歉的视频，还有体现卡特琳娜飓风登陆后体育馆受灾情况的谷歌地球视频。这两个视频很好地激发了学生的兴趣，但因为学生对新奥尔良的区域认知不足，很难带动

[①] 叶克鹏，浙江省温州市教师教育院师训员，高级教师。

学生深入思考。第二份材料是关于宁波台风的。教师找了很多对宁波产生影响的台风，特别是菲特台风对宁波余姚产生的巨大影响。这些材料很容易让宁波学生产生共鸣。但宁波台风往往在象山登陆，市区受台风影响很小，更多的是降水带来的雨涝，学生有关台风的其他体验很少。第三份材料是关于温州台风的。宁波的学生对温州基本上是陌生的，但由于温州的台风破坏性强，台风的灾害、影响和防御很典型，授课教师可以用自己成长过程中的台风记忆调动学生的情感，引导学生对台风进行深入思考。经过三破三立，教师最终选择了可以让学生更进一步思考人地关系的温州台风的材料，从而盘活了整堂课的教学。

2. 优化教学手段，让课堂靓起来

教学手段是指教学过程中师生相互传递信息的工具、媒体或设备。在课堂教学中利用现代科学技术辅助教学，给学生直观的学习体验，更容易引起学生情感和认识上的共鸣。在"台风之殇"这节课中，教师运用了下面几种教学手段来辅助教学。

教学中，教师运用了三个视频，上课前播放了《美丽浙江》宣传片，向来自全国各地的地理教师展示了浙江的美丽（图1），也激发了学生热爱家乡的情感；同时为了衬托灾害的破坏性，教师用美丑的感官视觉来加强

图1 美丽的浙江风光

对比。课堂引入时，教师播放了桑美台风视频，把登陆点的视频和温州水头镇的视频剪辑在一起，目的是让学生通过观看视频来比较分析不同地方的受灾程度，认识影响自然灾害的主要因素及相互之间的关系（图2）。课堂结束前，教师又播放了一个40秒的短视频，内容是余姚人民在菲特台风中的感人行为，让宁波学生了解家乡的受灾和防灾情况，激发其热爱家乡的情感。

图2 温州台风破坏景观园

本节课中，教师还运用了谷歌地球让学生更直观地认识区域地理（图3）；用实物投影仪来呈现学生的答题情况，与传统的纸质贴图相比，投影仪呈现得更清晰，也便于学生间的相互评价和师生间的深入交流。此外，教师还用了倒计时插件（图4），小小的插件马上就让学生感受到时间的紧迫性，使得讨论更加有效率。教学手段的优化提升了课堂教学的有效性，恰当地优化教学手段可以更好地促进核心素养落地。

一、殇之痛——难以磨灭的烙印

水头镇在哪里？

图3　谷歌地球的效果图

根据材料分组讨论应从哪些方面防御台风？
（建议从政府、个人等角度思考，3分钟时间讨论）

图4　3分钟倒计时效果图

3. 合理处理教材，让课堂实起来

本节课属于地理1模块，其对应的学业质量水平要求是水平1、水平2。相比2003年版课标（"以某种自然灾害为例，简述其发生的主要原因及危害"），教学内容明显增加，除自然灾害的成因和危害的知识外，还增加了有关避灾、防灾措施的要求；教学内容的"深度"变"浅"，教师上课时如果以台风灾害为例会遇到"台风的形成机制"被弱化的问题。由于学生刚开始高中阶段的学习，区域认知（区域认知主要是在初中培养的）及读图能力较为欠缺；同时，学生对台风的成因、防御以及结构较为陌生，对人类活动导致灾害加剧或发生的具体机理不了解，缺乏对生活中实例的关注及对人与自然关系的系统理解和思考。学生虽然具备对区域地理环境的感性认识，但是对地理环境的整体性运用和理解不到位，不能够综合地分析问题的成因、危害，所以本节课旨在帮助学生了解基本的灾害知识、理解一些自然现象的过程与原理，提高学生对地理的兴趣，为后续深入学习自然灾害的相关内容做铺垫。基于对新课标的解读并结合实际教学，本节课以温州台风为背景，将相关区域台风灾害及危害串联起来，重点探讨面对台风灾害时人类应该如何防灾与减灾，从而引导学生树立起正确的人地观念。

4. 变换交流角度，让学生动起来

同样的材料，不同的设问方式效果截然不同。"了解避灾、防灾的措施"是本节课的重点和难点，教师采取的是小组讨论、合作探究的方式来突出重点、突破难点。第一次试课，教师让学生从"国家、社会、个人"的角度讨论如何防灾、减灾，学生从国家、个人的角度都做了思考，但从社会的角度思考时一下子就冷场了。第二次试课，教师让学生从"强风、暴雨、风暴潮"的危害角度讨论如何防灾、减灾，但由于这些专业名词与个人生活经验有较远的距离，学生的理解不够深入，讨论也很难展开。第三次试课，教师将讨论角度改为从"国家（工程措施、非工程措施）、个人"的角度讨论如何防灾、减灾，学生的思路立刻就打开了。在培养学生核心素养的课堂教学中，有时只需改变一点点就会有满满的收获。

5. 整体构建课堂，让教学清起来

"台风之殇"这堂课的总体设计思路可以概括为"一二四一"：（1）一个基本的出发点和落脚点，就是通过课堂学习来培养学生的核心素养。（2）两条教学线索，一条是以知识为线，以教学的知识内容为线索，通过材料将台风的灾害、成因和防御措施串联在一起，形成知识链条；另一条是以能力为脉，通过情境的创设、问题的设计，使教学始终注重学生的能力培养。两条线索相辅相成，浑然一体。（3）四个活动设计。以"殇之痛、殇之由、殇之御、殇之情"作为四个活动的主题，探究台风登陆的伤害、原因以及要做的防御措施。按照台风灾害发生时间的倒序方式进行教学设计，又结合学生的生活体验，引导学生学习台风的静态结构和动态路径，既做到了地理过程清晰、时空尺度明确，又做到了设计活动精确指向学习目标、突出重点、突破难点。（4）一个课后实践提升环节。以"殇之警"为题深度研讨人类活动对地理环境的影响，通过调查本地防御台风的措施，增加对家乡防灾、减灾情况的感性认识，提高进行地理社会调查的能力，并通过问题设计和任务驱动推动学生将所学知识用于实践。

二、衣带渐宽——课中细节的推敲里"润"素养

1. 明确课题主题，教学画龙点睛

一堂课的课题可以凸显教学主题。这节课的课题名称经过了几次推敲修改，最初的名称是"自然灾害对人类的危害"，题目比较"大"，对于一节课来说未必合适，也不是很符合本节课的教学内容；接着考虑的是"温州台风故事"，大家认为"故事"虽然是中性词，但看到这个词人们常会有温暖的感觉，这与灾害的主题不符；后来考虑过"温州台风印记""温州台风之殇"；因为课堂教学内容中不仅仅是对过去台风的记忆，也不仅局限于温州的台风，最后选定了"台风之殇"，既突出了主题，又增加了人文色彩，渗透了人地关系的核心素养。

2. 精练学习目标，促进精准教学

新课标在学习目标上的要求是"运用资料，说明常见自然灾害的成因，了解避灾、防灾的措施"。在此基础上，经过教师的文本解读和多次调整，课标内容被分解为以下具体学习目标：

原目标1：以"温州台风"为素材，呈现不同空间尺度的区域图，培养学生的区域认知素养。（修改思考：这是教师主体的目标，且与主题关系不大，也与后面的目标不在一个层次上，可删掉。）

原目标2：通过比较分析不同区域的受灾状况，学生能认识到各地理要素是相互影响的，加强区域认知，强化综合思维。（修改思考：这个主题主要不是区域问题，而是人地关系。）

修改后目标1：通过比较分析不同地方的受灾程度，认识影响自然灾

害的主要因素及相互之间的关系。

原目标3：探究台风灾害对人类的危害，研究人地之间的关系，建立人类既要尊重自然规律也要趋利避害的人地观念，初步树立人地协调观。（修改思考：人地观念从小学就开始培养，此时不适宜再说"初步树立"；"人地协调"这种大概念，也不一定需要每次都出现在课时目标中。）

修改后目标2：通过探究台风灾害对人类的危害以及人类的防御措施，强化人类要尊重自然、趋利避害的观念。

原目标4：通过让学生描述台风过境时的天气变化，以及调查本地防御台风中不合理的人为活动，提高学生的地理实践力。（修改思考：这是教师主体的目标，"描述天气变化"与地理实践力无直接关系。）

修改后目标3：通过调查本地防御台风的措施，增加对家乡防灾、减灾情况的感性认识，提高进行地理社会调查的能力。

目标的分解和修正过程正是备课教师对教材的学习和解读过程，随着文本解读程度的加深，教师对新课标和核心素养的理解也在进一步加深。

3. 运用区域比较，提升综合思维

区域分析是指对某特定区域内各种自然地理和人文地理要素综合作用形成的综合地理特征进行分析，既有对区域内地理事物的描述，也有对其成因的解释。区域认知的基本方法主要有综合分析法和比较法两种：通过对不同地区的自然和人文地理要素进行比较和分析，找出它们的相似处和差异处，从而更加深刻地认识某地区的区域特征。本节课中，教师让学生分析桑美台风登陆点与水头镇受到的主要危害有何差异，让学生认识到同一次台风给不同区域带来的危害是有差异的，从而进一步思考区域间的差异性和区域内部的地理环境各要素间的相互联系和相互影响。

4. 注重问题情境，促进有效教学

给学生合适的材料，基于材料设置促进学生思维发展的问题，这样的课堂教学才会促进核心素养的落地。这节课中，教师原来给学生提供温州水头镇的水系图、地形图，让学生分析水头镇在台风中洪涝灾害特别严重的原因，但这个问题偏重学习洪涝灾害而非台风灾害，有些偏离主题。基

于此,教师增加了水头镇一次台风带来的降水量数据,这样学生思考的方向就是台风带来的强降水与地形因素的结合,给水头镇造成了严重的洪涝灾害(图5、图6)。可见,精准的问题情境可以促进学生的深度思考。

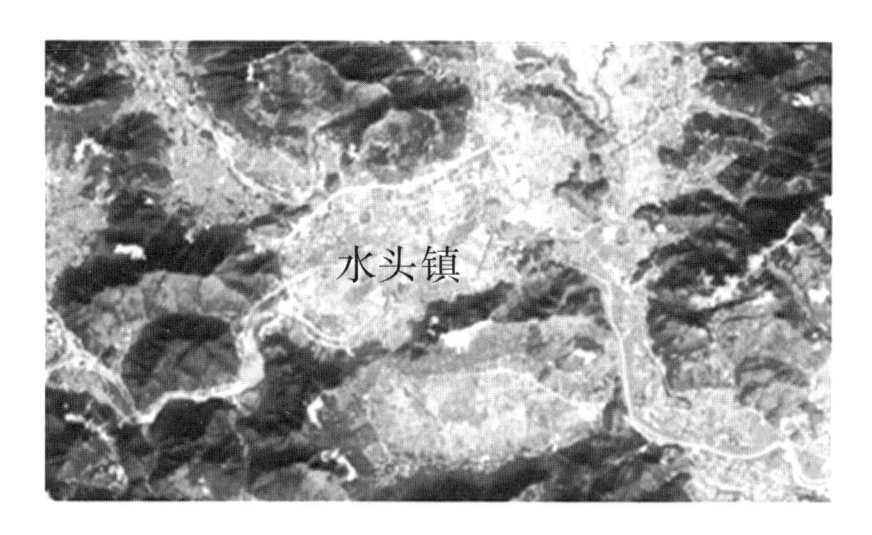

图5 水头镇地形图

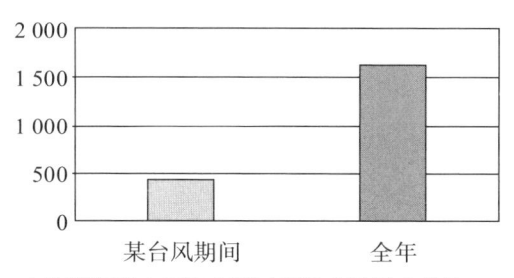

图6 水头镇年降水量和台风过境降水量图(单位:mm)

与此类似的是:让学生讨论面对台风灾害时的防灾、减灾措施时,增加材料后,问题与材料的结合度更高,提高了问题的有效性。

原有材料:风夹杂着暴雨倾泻进浙南大地。首先是大浪,登陆地附近沿海浪涛普遍高出海岸 2~3 米,局部地段拍岸浪高达 12 米。1 700 多艘船只被巨浪打沉,甚至有千吨渔船被大浪抛进海塘。

增加材料(图7):

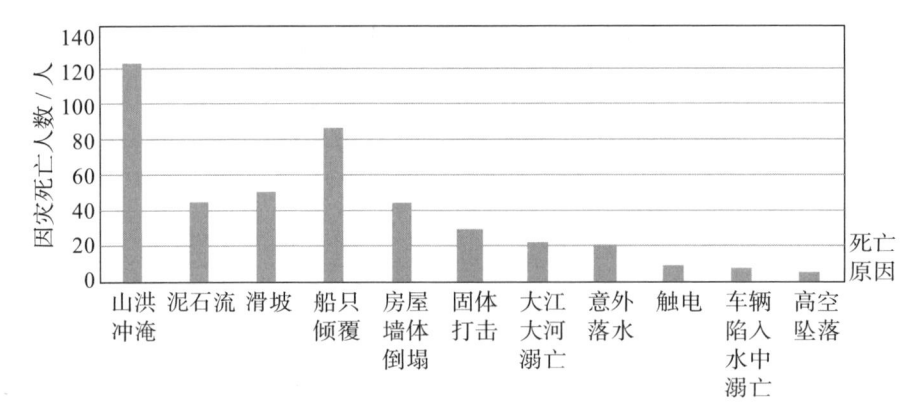

图7 温州"十二五"期间因台风灾害死亡人员死亡原因统计

根据原来的材料，学生的讨论更多的是从生活经验、课外知识中拓展和思考，材料对问题的支撑度不够，学生无法从材料中获取较多的信息去分析如何防灾、减灾。经过思考，教师增加了温州"十二五"期间台风中不同原因的死亡人数的统计材料。增加了这一材料后，学生可以从材料中获取信息，讨论更有方向和依据。

三、蓦然回首——课后反思的得失中"理"素养

1. 课前准备充分，减少偶发事件

在上课之前特别是上公开课前，教师一定要仔细梳理需要准备的各个环节，如课件、学案、电脑等物品的准备，也包括了解学情、与学生交流、确定上课地点、提前操作等细节。

2. 深化人地关系，重视思维培养

基于核心素养的课堂教学应该更重视思维的培养，而不是更多关注知识的拓展。"台风之殇"这节课的重点和难点在于对人地关系的思考，人们在台风防御中做了很多积极、有益的行动，但是否存在不合理之处呢？关于人对地的行为的思考是需要深入挖掘的，不仅可以借此进一步培养学生的综合思维，还可以更好地帮助学生强化人类要尊重自然、趋利避害的观念。

3. 懂得取舍，为课堂留白

为了上好一节课，教师会准备很多材料，设计一些有思考价值的问题，而且教学设计做好之后还会觉得每一个问题都很好。可上课之后往往发现准备得太多了，课堂太满了，在一节课的时间内无法讲完。这个时候就要围绕教学目标大胆地做取舍，因为课堂要留白，要给学生充分的思考时间，否则我们即使准备"满汉全席"这样的大餐，学生也吃不下。

第三章

地理学科核心素养的评与考

凸显地理核心素养立意的建构反应题
——以 2018 年高考地理江苏卷第 27 题为例

佟　柠[①]

走向核心素养立意是高考命题的重要方向。核心素养是学生在真实的、复杂的情境中，运用相关知识技能、思维模式或探究技能以及态度和价值观等解决问题的关键能力和必备品格。[1]因此，核心素养立意是高考长期坚守的能力立意的升级。建构反应题属于纸笔型表现性评价，是基于考生面对简单或复杂的开放性问题，通过搜集信息、思考判断、组织答案的生成性表现来判断其内隐综合品质的评价，在地理高考全国卷、上海卷、江苏卷乃至 PISA 考试等命题中较为常见。在纸笔应答的环境下，建构反应题需要具备哪些基本要素和结构特征以实现对核心素养的精准考查是一个值得研究的问题。本文以 2018 年江苏高考地理卷第 27 题为例进行具体分析。

[①] 佟柠，江苏省锡山高级中学地理教师，正高级教师。

一、原题呈现：建构反应题

27.阅读材料，回答下列问题。

材料一 图14为"陕西省一月和七月平均气温等温线分布及部分城市年均降水量图"。

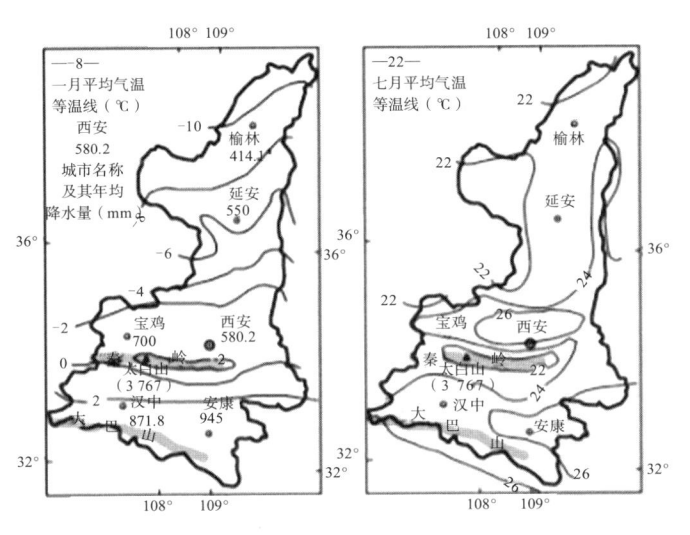

图 14

材料二 陕西省可以划分为陕南、关中和陕北三大地理单元。图15为"陕西省沿109°E经线地形剖面示意图"。

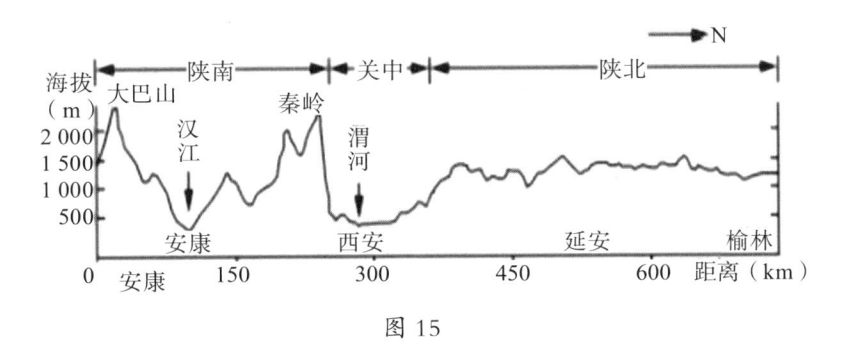

图 15

材料三 太白山是秦岭最高峰，海拔3 767米，其南北坡地理环境差异明显。图16为"太白山南北坡气温垂直递减率逐月变化图"。

图 16

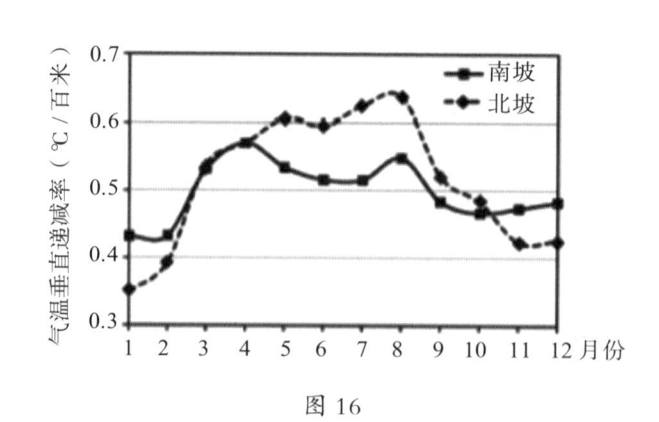

（1）比较冬、夏季太白山南北坡气温垂直递减率的差异。

（2）七月，在关中地区出现高温中心的主要原因是（　　），24℃等温线沿晋陕边界向北凸出的主要影响因素是（　　）。

（3）从地形、植被等方面分析陕西省三大地理单元的自然景观特征。

（4）陕西省三大地理单元的农业发展方向分别是什么？

二、试题要素与结构特征：聚焦核心素养考查

1. 评价目标：整合四大地理核心素养，解决复杂问题

第27题考查了《普通高中地理课程标准（2017年版）》提出的核心素养——人地协调观、综合思维、区域认知和地理实践力，并立意于四个地理核心素养的最高水平，突出考查考生整合运用核心素养解决问题的能力。

人地协调观：结合区域发展现实情境，归纳人类活动遵循自然规律、与自然和谐相处的路径。

综合思维：分析大气循环的过程；在认识区域特征的基础上，对区域发展决策进行综合分析。

区域认知：以陕西省为区域认知对象，运用空间分析方法，描述该区域的气候、地形、植被等自然区域特征，解释自然地理环境的整体性与差异性。

地理实践力：利用相关数据与信息，对地理现象进行科学解释与评价。

考生需要整合运用上述四个核心素养来创造性地解决问题，以展现真实的学业成就。

2. 试题情境：以真实、复杂、新颖的情境促进内隐素养的表现

试题情境是激发考生内隐素养表现于外的关键条件。尽可能真实、复杂和新颖的情境有助于核心素养的真实展现。第27题的情境具有以下特征：

第一，试题情境真实。对于地理学科而言，情境真实性的关键不仅在于试题所选素材是否客观存在，而且要尽可能真实地接近地理专家实际探究问题的过程。例如第（1）题，考生需要读图16来比较判读一个较为新颖的信息——气温垂直递减率，推理出地形对气温的影响；接着以此为基础结合图14解释关中地区气温空间分布差异性的问题，从而解决第（2）题；然后再结合图15，基于经纬度位置、地形剖面图等信息综合判断陕西三大地理单元的自然地理特征，并在此基础上对农业发展方向做出决策，以此解决第（3）（4）题。整个过程是真实的地理探究过程，需要做出假设、寻找证据、分析推理、做出判断。同时，真实性还体现为解决问题的过程与核心素养所体现的过程相一致，能够考查出学生真实的学业成就。

第二，试题情境复杂。该试题以丰富的图文信息创设出复杂的情境。复杂的要素：气候要素细化到气温和降水；气温要素细化到水平分布和垂直分布；地形要素细化到河谷、高原等类型；空间位置要素包括经纬度、海拔等绝对位置以及区域内部相对位置。复杂的要素关系——空间位置与自然区域特征、地形与气温、植被与气候和地形等的关系，突出了地理环境的整体性和差异性，以及体现人地关系的区域特征对农业活动的影响。复杂的表达方式——区域图、等温线图、地形剖面图、统计图等地理学科经典的图表，承载的信息量丰富多样，不同图表信息间有隐性或显性的逻辑关系。

第三，试题情境新颖。该情境主要涉及地理与生产联系的情境和地理学术情境，与江苏考生的日常生活联系并不密切。情境的学科逻辑内隐，

考生普遍对情境不熟悉，有助于考查迁移能力。

3.任务结构：聚焦同一主题的结构化任务群，深度考查核心素养

围绕陕西省区域发展主题，探索陕西省的自然地理特征和区域内部差异及其对农业的影响，以明显关联的学科内容为基础，架构4个小题共同形成结构化任务群。第（1）题是图解任务。通过阅读图16横坐标6、7、8月北坡气温垂直递减率值大于南坡，12、1、2月北坡气温垂直递减率值小于南坡即可作答。但对这一题的更深层理解可为解决第（2）题奠定基础。

第（2）题是图解任务和地理联系的分析、推理任务。阅读图14陕西省7月等温线图，确认夏季关中地区出现高温中心，然后根据第（1）题的结论分析出"焚风效应"是一个重要原因；同时，深入理解"气温垂直递减率"，运用海拔越低气温越高的地理规律，结合图15，获取关中地区的主要地形是渭河平原，因此可得"海拔较低"也是导致夏季高温的原因。以同样的原理分析推理出晋陕边界黄河谷地气温也较同纬度高的影响因素即地形。

第（3）题为空间格局的观察、概括、归纳任务和地理联系的分析、推理任务。从图15的地形剖面图和图14的区域平面图，观察三个地形单元的空间格局，包括经纬度位置、相对位置以及地形特点等，应用纬度位置与海陆位置对气候的影响判断自然带类型，结合地形特点，确定植被类型，从而概括归纳三个地理单元的自然景观特征——陕南：山地、谷地为主，亚热带常绿阔叶林或垂直分异明显；关中：平原（盆地）为主，温带落叶阔叶林；陕北：黄土高原为主，温带草原（森林草原）。该题也为完成第（4）题奠定了基础。

第（4）题为地理联系和推理任务。根据三大地理单元的自然区域特征，运用人地协调观中"因地制宜"的思想和农业生产的区位条件分析，从综合视角得出结论——陕南：农林结合（水田农业和林业结合）；关中：种植业为主（旱作为主）；陕北：农林牧结合。

上述各任务之间具有明显的逻辑联系，形成了结构化任务群，有助于

考查学生知识和技能的结构化程度、逻辑推理能力、综合思维、探究技能以及人地协调观。

三、教学建议：落实素养目标、表现任务的一致性

第 27 题整体结构显示出评价目标、试题情境、具体任务的一致性，对教师实施基于核心素养的教学与评价具有启发性。

第一，注重核心素养目标的整合性特征。教师在具体教学中应认识到核心素养的实质就是在情境中整合关键能力和必备品格来解决问题，因此，设计试题和组织教学应注意对核心素养的整合应用。

第二，注重基于核心素养的表现任务设计。教师要发挥地理学科与生产生活密切联系的特色，创设真实、复杂和新颖的情境，选取具有良好的结构性和关联性的学科内容，设计多任务组合的结构化任务群，突出运用地理思想方法和探究技能、价值观念等解决问题，激发学生的核心素养表现于外。教师还应搜集学习证据以判断学生核心素养的发展情况，以此促进学生学习和改进教学。

参考文献：

［1］杨向东．核心素养与我国基础教育课程改革的关系［J］．人民教育，2016（19）：19-22.

在试题中感受"对生活有用的地理"

潘化兵[①]　胡宗英[②]

地理课程基本理念是地理教学的基本依据,也是高考试题命制的依据。注重地理内容的实践性,学习对生活有用的地理,增强学生的生存能力,学好地理让生活更加美好,这样的课程理念贯穿于整个中学地理课程标准的始终。现将具体内容梳理成表(见表1)。

表1　课程标准中"地理与美好生活"相关内容要求梳理

课程标准版本	相关文字叙述
《义务教育地理课程标准(2011年版)》	学习对生活有用的地理。地理课程选择与生活密切相关的地球与地图、世界地理、中国地理和乡土地理等基础知识,引导学生在生活中发现地理问题,理解其形成的地理背景,提升学生的生活品位,增强学生的生存能力
《普通高中地理课程标准(实验)》	学习公民必备的地理。建立具有时代性和基础性的高中地理课程,提供未来公民必备的地理知识,增强学生的地理学习能力与生存能力……
《普通高中地理课程标准(2017年版)》	构建以地理学科核心素养为主导的地理课程。围绕地理学科核心素养培养的要求……精选利于地理学科核心素养形成的课程内容,力求科学性、实践性、时代性的统一,满足学生现在和未来学习、工作、生活的需求

高考命题以高考评价体系为依托,严格遵循地理课程标准和考试大纲,试题要达成"学习对生活有用的地理"这一考查目标,必然与试题素材的选择与呈现、试题问题的设计、考查内容的设计与参考答案的编制密切相关。高考评价体系考查目标有"四层":必备知识—关键能力—学科素养—核心价值,即引导学生从做题到做事做人,最终落实立德树人的任

---
① 潘化兵,北京市东城区教师研修中心地理室主任,中学高级教师。
② 胡宗英,天津市芦台一中地理教研组长,中学高级教师。

务要求。为此,我们试图从必备知识、关键能力、学科素养、核心价值的角度对如何考查"对生活有用的地理"进行分析。

【原题呈现】(2018年文综全国卷Ⅰ)小明同学7月从重庆出发到贵州毕节旅游,收集到的相关高速公路信息如图3所示。据此完成9~11题。

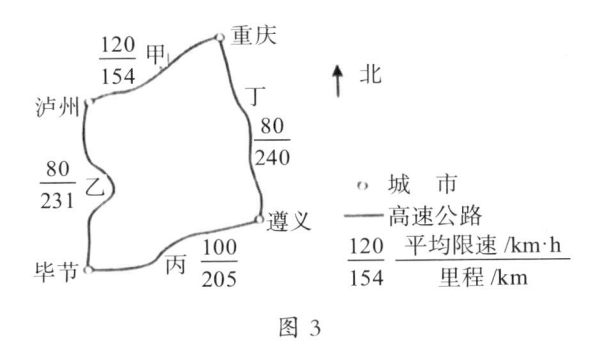

图3

9.乙路段和丁路段平均限速均较低的原因可能是这两条路段(　　)

A. 车流量大　　　　B. 平均坡度大

C. 雾霾天多　　　　D. 两侧村庄多

10.小明若从重庆出发乘长途客车经遵义至毕节,为免受阳光长时间照射且能欣赏窗外风景,以下出发时间和座位较好的是(　　)

A. 6:00出发,左侧靠窗

B. 8:00出发,右侧靠窗

C. 10:00出发,左侧靠窗

D. 12:00出发,右侧靠窗

11.避暑是小明此次旅游的目的之一。导致7月毕节气温较重庆低的主导因素是(　　)

A. 地形　　　　B. 纬度位置

C. 海陆位置　　D. 大气环流

【评析】

该组试题以小明旅游前收集到的相关高速公路信息为情境内容,以简洁的文字、新颖而直观的图像为呈现方式,从三个角度设问,考查相关的必备知识、关键能力、学科素养与核心价值等。其中第10题设问基于一定的条件——旅游时坐大巴车选择座位的方法,生活气息最为浓郁。首先,根据指向标,判断大巴车运行的方向;其次,确定7月大巴车运行途中太阳的方位，判断少受太阳照射的座位。在这一做题过程中，学生用到的必备知识主要为指向标的含义、地球运动地理意义中的日出方位的判断；关键能力是图文信息的整合能力（将设问信息、图像信息和资料的文字信息，按一定的要求整合）；主要的地理学科核心素养是人地协调观；核心价值是掌握选择大巴车位置的方法，即学会做一件事，达成从"做题"到"做人做事"的考查目标，而会做人做事是生活美好的重要基础。

"对生活有用的地理"并不是2018年高考地理试题才有的命题指导思想，历年的高考试题都有所体现，只是在不同的年份，表现的形式有所不同。下面我们再来看看2016年高考文综全国卷Ⅰ的第37题第（3）小题。

【原题呈现】（2016年文综全国卷Ⅰ）37.阅读图文材料，完成下列要求。

某科考队于8月考察堪察加半岛，考察中发现，堪察加半岛北部发育苔原，南部生长森林；东西向气候区域差异显著；大型植食性和肉食性野生动物数量较少，但冬眠、杂食性且善捕鱼的熊的数量较多；大量来自海洋的鲑鱼溯河流而上，成为熊的重要食物。图6示意堪察加半岛的地形。

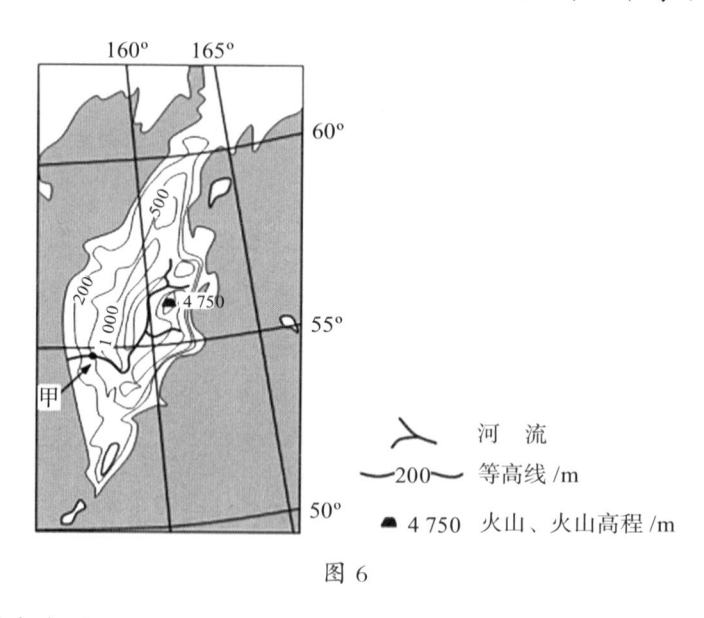

图6

（1）（2）略。

（3）某科考队员欲近距离拍摄熊，推测他在甲地选择拍摄点的理由。

【评析】

该试题以科学考察为情境内容，语言简洁，文字量适中，但信息很丰富；图像常规，主要是区域图与等高线图的叠加图，信息也很丰富，设问回归地理主干内容，是初中区域地理与高中地理必修2结合非常好的一道地理试题。其中第（3）小题设问考查选择照相位置的理由，即选择照相位置的主要条件。该设问非常生活化，是每一个学生都经历过的事情，同时考查的方法又是高中地理必修2中的核心内容，即人类活动区位选择的方法。解答该题的一般思维是：

首先，基于生活感知建构照相需要的一般条件（拍出清晰美观且满足照相目的的照片）：（1）确定照相的对象，即人、景或动物等；（2）光线；（3）距离，影响照片的细节；（4）角度；（5）安全性；等等。其次，结合图文材料和设问角度，分析选择甲地作为拍摄点的理由，并用规范的文字表达出来：（1）甲地距离河口近，满足近距离的要求；（2）河口有鱼、水等，熊出没的概率高；（3）8月，甲地在雨影区，晴天多，易于拍照（或拍的照片质量好）；（4）甲地有森林等，便于隐藏等。

在以上的答题过程中，涉及的主要必备知识是雨影区（季风的北风一侧）；关键能力是逻辑思维能力、文图信息的整合能力与文字表达能力等；核心素养主要是人地协调观与综合思维；核心价值是人类活动（照相）区位选择的一般方法，即通过做该题，学生既学会了照相的相关知识，又学会了做人做事，以此体悟生活的美好。

面向真实的学习表现：地理学科育人新路向

佟 柠[①]

"面向"代表着一种关注，指示着教师在教学征程中行进的方向，蕴含着教师的教育价值观，即在教师的心中和眼中什么才是最重要和值得为之付出努力的。面向真实的学习表现，首先要求教师关注学生本身，并进一步围绕着学生真实的学习表现开展教学和评价活动。作为有着20余年教龄的地理教师，随着在地理教学上的探索不断深入，我愈发认识到，突破旧有的教学与评价方式，建立支持地理学科核心素养的学科育人新路径，关键在于教师能够做到面向学生真实的学习表现。

一、面向真实的学习表现的学科育人意涵：促进地理学科核心素养的展现与发展

面向真实的学习表现是实现地理学科育人的基本立足点。学习的本质是促进学生素养的不断发展，学科育人就是要通过学科学习培育学生的学科核心素养，而"表现"被认为是素养的"外显"，因此，地理学科核心素养的发展离不开真实的学习表现。

（一）真实的学习表现是"内隐"地理学科核心素养的"外显"

素养与表现的关系，其实质就是以真实情境相连的"内隐"和"外显"。一个人内隐的综合能力和品质会在一定的条件下表现出来，而这个条件往往就是在"真实情境"中应用素养去解决复杂问题的具体任务。核心素养在本质上是应对和解决复杂的、不确定的现实生活情境的综合性品质。[1]能够展现出"内隐"核心素养状态的学习表现，才是真实的学习表现，也代表着真实的学业成就。

[①] 佟柠，教育学博士，江苏省无锡市教师发展学院发展研究部主任，正高级教师。

（二）面向真实的学习表现让素养、表现和学习在相互作用中推动学科育人的实现

教育部在《关于全面深化课程改革 落实立德树人根本任务的意见》中明确要求："改进学科教学的育人功能……不断提高学生综合运用知识解决实际问题的能力。"《普通高中地理课程标准（2017年版）》（以下简称"2017年版地理课程标准"）中，阐明了高中地理课程的育人目标是培养学生的地理学科核心素养，通过学习地理使学生形成正确价值观念、必备品格和关键能力。

学科核心素养的发展离不开表现、素养和学习的相互作用。加涅（Gagne，R.M.）认为，学习的本质是人的素养的变化，学习发生与完成的判断标准来自其内在心理结构的变化，但是学生内部的心理变化看不见、摸不着，只能通过外在的表现来判断。[2]以促进地理核心素养发展为目的的地理学习活动，包括内在的认知过程和外在的学习表现，并在两者的相互影响和相互作用下，实现素养由"初始态"向"结果态"发展（图1）。因此，判断学习活动的效果只有基于核心素养的外在真实表现。

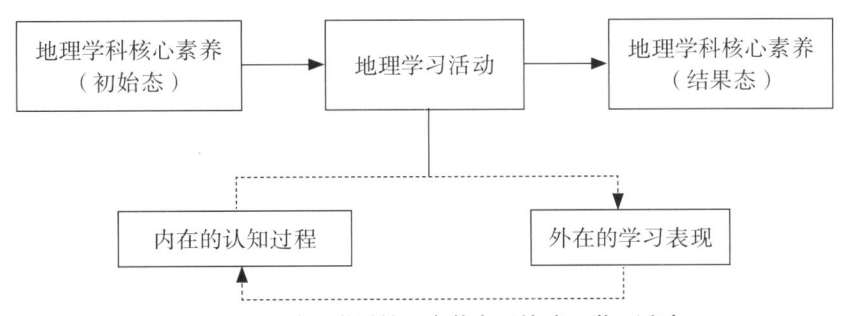

图1 促进地理学科核心素养发展的地理学习活动

促进地理学科核心素养的学习活动需要从内在的认知过程与外在的学习表现以及两者之间的关系来认识。我国古代就常以"知"和"行"来表达内在的认知过程和外在的学习表现。"知"包括思考、想象、分析、综合；"行"是与地理学科特质相匹配的学习行为，包括绘图、填图、制作地理模型、野外考察、地理表达等，需要运用眼、耳、鼻、舌、身进行各

种操作活动。"知行合一"则表达着内在认知与外在表现之间的一致性关系。学习过程被看作一个从不知到知,又从知到行,再由行回到知的循环往复的过程。面向真实的学习表现就是让学生在"真实"的地理情境中"知行合一"地学习,在素养不断展现的过程中实现学科育人。

2017年版地理课程标准特别指出培育地理学科核心素养的学习方式是自主、合作、探究学习。但事实上,这些学习方式并没有在地理教学中有效落地。究其原因,与传统纸笔测试对教学、学习的负面影响有关。无效或低效的评价体系,挫伤了学生的学习积极性,不能全面评价学生,不能促进学生的发展,也制约着教学改革的发展。[3]尽管学生面对试题做出选项的选择,也可以称为一种"表现",但它不能全面评价核心素养的"表现"的意涵。只能检测低水平知识、孤立内容与技能的传统纸笔测试制约着学生真实学习表现的彰显,并直接影响着核心素养的培育,因此,需要促进能够展现学生高阶思维能力、问题解决能力、在真实情境中理解应用的能力的新型评价方式进入地理教学。

二、面向真实的学习表现的学科育人路径:把表现性评价整合入地理教学中

在指向核心素养的教学与评价背景下,核心素养即学生内在的一种潜在"建构","任务"则是促进其内在"建构""表现"于外的关键条件。韦伯(Weber, E.)认为,表现性评价是在真实的生活环境中评价学生的表现,成功或失败只能用学生在新的环境中应用知识和技能的具体事实说明。[4]2017年版地理课程标准将表现性评价界定为,对学生在真实情境中完成某项任务或任务群时所表现出的语言、文字、创造和实践能力的评定,也指对学生在具体的学习过程中所表现出的学习态度、努力程度以及问题解决能力等的评定。

笔者自2009年开始探索将表现性评价整合入地理教学中,力求面向学生的真实学习表现,开启学科育人之路。

(一)面向真实的学习表现的学科育人路径探索历程：从局部探索到系统融入

1. 出声读图：让内隐的读图技能在"显化"中被精准评估

高三"地理图表"专题复习的习惯做法是编排基本概念和配套练习，课堂上边讲边练。但是，这样的做法真能让我"看到"学生的读图技能如何吗？答案显然是"不能"。因此，我尝试要求学生"出声读图"，让学生的读图技能"真实表现"出来。一位学生说出读图流程、所获信息、推理结论等，另一位学生则用读图技能评分表为同伴评分。两次课堂教学后，一位一直徘徊在地理模拟考试 C 等级、在纸笔测试中深感挫败的学生，非常激动地跑到办公室对我说："老师，我终于知道为什么我的地理成绩总不理想了，原来我的读图技能不行，不能依据读图流程和图表类型准确提取信息。能不能再有针对性地给我讲一讲？"我欣然答应。经过指导，她的地理成绩和学习信心都增长不少，后来在江苏省地理高考中获得"A$^+$"。这次初步尝试带给我的启发是：在日常课堂评价中，使用多次纸笔测试也许只能让学生多次重复失败的体验，但是表现性评价却能让学生的"内隐"技能等展现出来，让学生和教师精准评估问题所在，从而促进学习。

2. 野外观察：让区域认知在"观察者日记"中真实表现

组织学生对喀斯特地貌、茶场等野外进行考察是锻炼学生地理观察力的难得机会。以"撰写《自然观察者日记》"为表现任务，借鉴自然观察者智能理论设计三个水平的表现标准：注意探索情境中显著的表层信息；超越表层进行观察并提出问题；观察结果和结论有创造性的飞跃，理解观察结果与被评价概念之间的许多联系。学生带着表现标准开展实地观察，然后撰写日记。一段时间后，第一批参与的学生高中毕业进入高校，为了探究其长期学习效果，2017 年底我设计了调查问卷，两个班级的学生参与了调查，超过 95% 的学生不仅能够清晰回忆当年观察的细节，还普遍认为量表帮助他们提高了观察能力，使他们能够更有意识地观察自然、分享观察结果，感受到欣赏地理之美的快乐。

3. 解释事象：让综合思维在"可视化"中得以进阶

一次，我受邀在内蒙古包头进行湘教版"产业活动中的区位选择和地域联系"的公开课。这节课的难点和重点在于学生需要把产业活动、区位选择、地域联系这三个关键概念建立起联系，这是解决产业活动中的区位选择和地域联系等问题的基础。运用比格斯的 SOLO 评价理论，结合学生在钢铁城包头生活的真实情境，我围绕三个概念及其相互关系设计多个表现任务，基于学生表现，通过讨论互动不断促进学生思维从点状结构发展为关联结构或抽象扩展结构层次。内蒙古自治区地理教研员也在教学现场，她这样评价："清晰地看到学生思维发展和认识问题的层层深入……老师们惊叹，用教学理念设计的教学能够对学生的思维发展产生如此巨大的作用……"

历经大约 10 年的实践探索，从局部探索到系统构建，我形成了将表现性评价系统融入地理教学的理论架构和实践样式。

（二）面向真实的学习表现的学科育人路径：让表现目标、表现任务和表现标准融入地理教学

面向真实的学习表现的地理学科育人路径，就是以育人目标为统摄，设计与之相匹配的表现任务和表现标准（评分规则/量规），并强调目标、任务、量规三要素之间的一致性，然后以促进学习为中心将之融入地理教学（图2）。高度保真性的表现任务与专家的探究过程或情境相似，[5]能促进学生把习得能力迁移至真实生活。[6]在这种教学方式下，学生展现的是任务解决的实际过程和结果，而不是在选择题形式下的被动选择。学生有自我评价、同伴评价和教师反馈以及修正的机会，有利于增加对自己学习的责任感。教师支持任务完成，收集评价证据，运用评分规则评价学生实施基于证据的教学决策，促进学生后续学得更好。

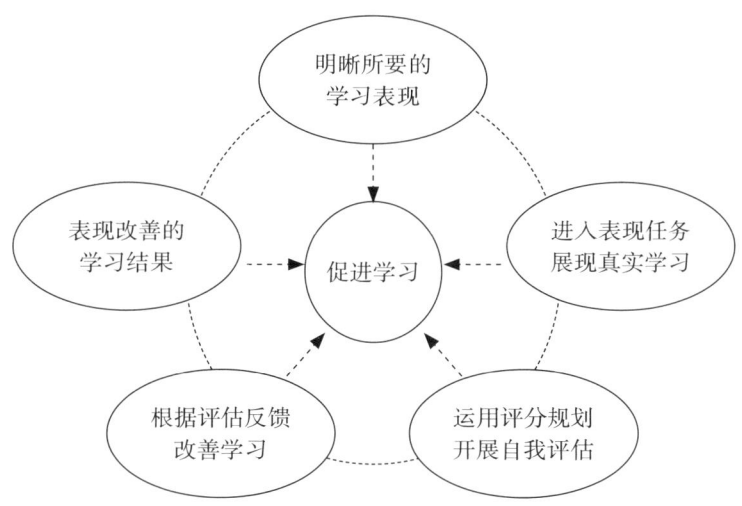

图 2　面向真实学习表现的教学评一体化实施过程

三、面向真实的学习表现的学科育人功能：在转变教与学的方式中实现地理学科核心素养进阶

通过多年系统的实证研究，笔者认为，面向真实的学习表现，把表现性评价整合进地理教学，转变了地理教与学的方式，并在内隐素养持续真实表现的过程中促进了地理学科核心素养的发展。

（一）面向真实的学习表现的学科育人路径让教学从"单向讲授"转向有"据"可依、因"势"而行

具有教学意义的评价是教学过程的一个环节，关注评价的调节、激励、促进教学的功能。[7]表现性评价的打分、反馈和结果等都伴随着教学同时发生，教师从这个过程中获得了学生学习进展的反馈。[8]教师在教学中不再是单向讲授或者单纯的知识输出，而是促进学生展现真实的学习表现，并以"表现"为依据调整自己的教学策略，改进教学。

（二）面向真实的学习表现的学科育人路径让学生从"被动听讲"转向"自主合作探究"

为了能够把内隐素养表现出来，学生不再是被动听讲，而是需要采取自主、合作、探究等学习方式完成表现任务。情境化和整体化的表现任务需要学生思考他们的思考过程，以多种方式展示知识和技能，开展自我反思和分析性的自我理解，促进深度学习。[9]学生既是受评者，也是评价者，开始越来越多地承担评价过程中的责任。[10]

（三）面向真实的学习表现的学科育人路径让地理学科核心素养在不断"表现"中得以发展

面向真实的学习表现，需要学生从情境中剥离出基于学科知识的问题，运用相关知识和技能解决问题，再将其运用到真实情境中去。正是在这样的真实表现中，教师和学生都能够发现自己在素养方面存在的问题，然后加以改进。这也正是素养评价时代不可或缺的评价方式，即关注在真实的情境下开展评价，强调学生在一种复杂的、非结构化的条件下解决问题。

综上所述，面向真实的学习表现，把表现性评价整合入地理教学中，是实现地理学科育人功能的重要路径和发展方向。运用表现性评价，能够促进学生高阶思维的发展，促进学生做事能力的提升，进而促进学生核心素养的发展。

参考文献：

[1] 杨向东."真实性评价"之辨[J].全球教育展望，2015（5）：36-49.

[2] 常珊珊.高中生地理学习过程优化设计研究——基于活动教育思想[D].武汉：华中师范大学，2016.

[3] 王兴华.正视高中地理教学危机——工作13年一线教师新课改中对教学的反思[J].考试周刊，2015（A2）：16-17.

[4] Ellen Weber.有效的学生评价[M].国家基础教育课程改革"促进教师发展与学生成长的评价研究"项目组，译.北京：中国轻工业出版社，2003：8-9.

[5] 杨向东.理论驱动的心理与教育测量学[M].上海：华东师范大学出版社，2014：165.

[6] 李坤崇.多元化教学评量[M].台北：心理出版社，1999：134.

［7］杨启亮．为教学的评价与为评价的教学［J］．教育研究，2012（7）：98-103.

［8］［9］周文叶，陈铭洲．指向深度学习的表现性评价——访斯坦福大学评价、学习与公平中心主任Ray Pecheone教授［J］．全球教育展望，2017（7）：3-9.

［10］崔允漷，聂雪梅．"教-学-评一致性"：意义与含义［J］．中小学管理，2013（1）：4-6.

透过试题看取向

——以 2020 年高考文科综合全国 I 卷地理试题为例

程　菊[①]　王万燕[②]

随着社会环境的变化，基于对育人本质的思考，高考立意在不断发生变化。纵观历年地理学科高考试题，命题立意大致经历了以下几个发展阶段：知识立意→能力立意→素养立意（图 1）。当然，这些立意并不是相互孤立、相互排斥的，不同时期的命题立意其实是在一定的融合中有所侧重的。

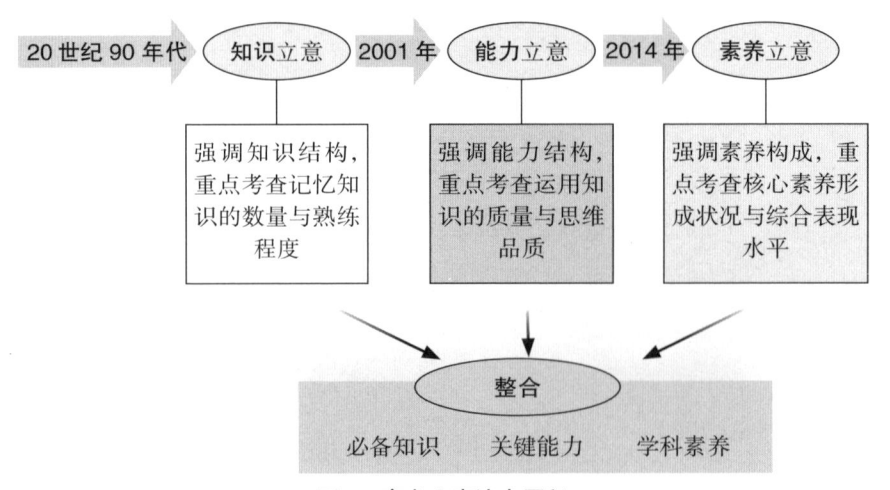

```
20世纪90年代 → 知识立意 → 2001年 → 能力立意 → 2014年 → 素养立意
              强调知识结构，        强调能力结构，         强调素养构成，
              重点考查记忆知        重点考查运用知         重点考查核心素养形
              识的数量与熟练        识的质量与思维         成状况与综合表现
              程度                  品质                   水平
                         ↘           ↓           ↙
                               整合
                    必备知识   关键能力   学科素养
```

图 1　高考立意演变历程

现阶段，我们更强调以素养立意为主，但不是完全摒弃知识立意、能力立意，而是将三者有机融合，在整合的基础上引导学生习得必备知识、关键能力和学科素养。新课程改革用课程标准和高考评价体系代替了传

[①] 程菊，山东省济南市教育教学研究院地理教研员，高中地理课标组核心成员。
[②] 王万燕，山东师范大学附属中学地理教师。

统的考试说明，课程标准是关于教学"教哪些内容、教到什么程度"的要求，而"一核、四层、四翼"的高考评价体系则回答了高考"为什么考""考什么""怎么考"的问题，是引导教学所要达到的结果。同时，高考评价体系确立了以核心价值、学科素养、关键能力、必备知识为考查内容，突破了以往考试所提出的知识和能力框架，对于发挥引导教学的核心功能、促进教学内容优化具有重要的导向作用。在这样的背景下，地理试题的设置必须以真实情境为载体，通过设置不同情境的试题，多层次、多角度地考查学生灵活运用所学知识认识、分析和解决问题的能力，引导学生学会认知、学会思考、学以致用，同时帮助教师开阔选材视野、丰富认知视角，不断调整和改进地理教学的策略和方法，体现课程改革的理念和要求，使地理考试成为落实素质教育的有效途径。[1]

2020年，高考文科综合全国Ⅰ卷地理试题引起了人们的热议，有人认为"这不是在考学生，而是在为难学生"，实则不然。虽然新高考改革已经启动，但是很多一线教师的思想观念并未发生改变，还停留在原来的知识立意或者能力立意层面。2020年高考的地理试题稳中有新，"新"在开创性地挖掘地理内容资源，升级地理思维模式，突出学科素养与关键能力的考查，如突出考查信息整理能力、语言表达能力、辩证思维等。试题既科学地表达了高考评价体系的精髓，又符合中学地理教学实际。很多教师、学生觉得题目难，实则是因为没有看透试题背后的价值取向，反映出其日常教与学的方式没有发生实质性的改变。以下就2020年高考文科综合全国Ⅰ卷地理试题的新变化谈一些思考与建议。

一、由要素、过程分析向地域和时段多维度融合分析拓展

综合思维是人们运用综合的观点和方法认识地理环境的思维品质和能力，包括要素综合、时空综合和地方综合。[2]过去的高考题更多地着眼于要素综合分析，通过设置试题情境，从地理环境整体性的角度引导学生思考各地理要素之间的相互关联、相互制约，如2016年高考文科综合全国Ⅱ卷第37题第（1）问"说明堪察加半岛地形对气候区域差异的影响"就

体现了这一点。而 2020 年高考文科综合全国 I 卷地理试题又向前迈进了一大步，不仅强调要素综合分析，更加突出要素分析、过程分析、地域分析和时段分析的多维度融合，对学生综合思维的考查进一步延伸，对学生学科核心素养的考查再度升级。地理事物的时空动态变化无一不是在与当地的格局发生耦合，地理事物时空格局影响地理过程，地理过程又反过来影响地理事物的时空格局。高考试题本着选拔人才的原则，构建真实的情境，通过不良结构试题材料信息，考查学生的地理学科核心素养。综合思维的视角要求学生能够理解地理事象的发生、发展与演化过程，能够向前推知它的过去，以及延展思考它的现在和未来，认识到地理事象是随时间而不断发生变化的，强化学生对地理过程的理解，进而培养学生用动态的、发展的眼光看问题。

2020 年高考文科综合全国卷地理试题深刻体现了多维度的综合思维，以全国 I 卷第 37 题（图 2）为例：从要素分析的角度看，在内外力作用的共同影响下形成了图 2 所示区域的地貌格局；从过程分析的角度看，该组题目强调地理事物的变化过程，在可感知的基础上按照时序推知各类地理性质的表现，进而得到在纵向上的表现规律；从地域分析的角度看，该试题选取了空间范围较大地域中的一个较小的地貌单元，结合大小、数量、形状、类型等信息分别阐述台地、平顶山、尖顶山的形成原因，引导学生关注空间尺度的差异；从时段分析的角度看，该题选取了长时间尺度中的一段时间，引导学生关注时间尺度的差异。虽然该题与常规思维存在差异，认知冲突使得本题难度加大，但是当学生具备了综合素养之后，会从多角度综合的视角出发，即使在新颖的或陌生的情境中也会主动思考，利用常规思维解决非常规问题，完成开放性或探究性的任务，发现新问题，找到新规律，得出新结论。总体而言，该组题目更多地由要素分析、过程分析向地域和时段等多因素有机融合分析拓展，引导学生明确地理原理所适用的时间和空间尺度，进而避免把地理知识程式化和凝固化。

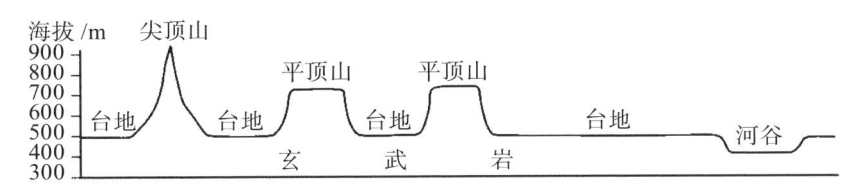

图 2　2020 年高考文科综合全国Ⅰ卷第 37 题示意图

二、由区域地理知识调用向区域认知素养培育升华

区域认知是人们运用"空间—区域"的观点和方法认识地理环境的思维品质和能力。[3] 区域地理是地理学科的重要组成部分，在高考试题中占有非常重要的地位，尤其是在综合题中通常以区域地理为载体，通过区域地理的背景考查学生综合运用自然地理和人文地理的基本原理，分析和解答区域地理的现象和成因的能力。这就导致很多人混淆了区域地理和区域认知，误以为评测学生的区域认知素养必须借助原汁原味的区域地理，高中阶段一直以来总是把初中区域地理再复习一遍。以往的高考题也是这样考查学生的，在区域地理知识的调用中来评测学生区域认知素养的发展阶段和水平。2020 年高考文科综合全国Ⅰ卷地理试题则打破常规思维，由对区域地理的考查进一步上升至对区域认知素养的考查，摆脱区域地理知识的束缚，从全新的视角出发，由地理事物特征反推区域特征，从认识区域特征到反演区域特征的形成过程，构成传统地理与现代地理的分界，体现了思维的进阶。

2020 年高考文科综合全国Ⅰ卷第 36 题（图 3）很好地反映了高考试题命制的这一变化。本题组虽然没有直接告诉我们具体的区域，但是提供的情境信息有：葡萄生长习性——喜光、耐旱；区域自然特点——坡度较大、52°N、气候湿润；农业生产模式——顺坡垄种植。一方面，试题情境实现了自然地理与人文地理的深度融合；另一方面，依据这些试题信息，学生就能够进行区域定位——基于对区域整体性与差异性的认识，采用顺坡垄的农业生产方式一定是符合该地区域特征的，进而反推该地的降水特点。试题与常规思维相悖，需要学生把经验性知识形态转变为原理性知识形态加以应用。同时，试题构建了认知冲突，将其与自然地理环境有差异的区域进行对比，引导学生深入思考区域差异的产生机理，深化对区域特征与区际联系的认识，在此基础上进一步引发学生对区域可持续发展的思考，并做出科学决策。

图3 2020年高考文科综合全国Ⅰ卷第36题示意图

三、由信息的整合分析向思辨能力的发展转化

高考地理试题聚焦关键能力考查，考查的能力不仅包括获取信息的能力、分析信息的能力、整合信息的能力，还包括为适应社会发展所应具备的实践能力、创新能力以及思辨能力等。以往的高考试题注重考查学生从材料中提取相关信息并进行加工整合的能力，2020年的高考地理试题在精简材料信息的基础上，充分体现了基础性、综合性、应用性和创新性的考查要求，考查学生运用基本地理规律和原理对地理事象的思考与分析的过程、推理与判断的过程、辨析与说理的过程，由信息的整合分析向思辨能力发展转化，让学生明确试题不是要求简单地运用地理知识、地理规律去解释地理现象，而是在真实情境中发现、挖掘、思考规律，运用规律，这对学生学科关键能力的要求进一步提高。试题在对学生思辨能力的考查中引导其感悟因地制宜的思想，培育人地协调观，形成"学而有用"的地理观，进而指导地理实践。

2020年高考文科综合全国Ⅰ卷选择题第1~3题很好地体现了这一变化。试题以黄土高原的丘陵沟壑区治理为背景材料。提到黄土高原，人们首先会想到其水土流失问题以及治理水土流失的工程措施、生物措施，但是试题并没有从这个角度命题，而是转变整治模式，变"打坝淤地"为"治沟造地"，变解决生存环境问题为提高生活质量问题。试题考查了学生的现场学习能力，并且要求学生在解题过程中打破常规思维，分析治沟造地的关注点、推测治沟造地的地方以及治沟造地对地理环境的影响，需要学生运用所学的知识去解决从未见过的非常规地理事象、推测地理过程；考查了学生对人地关系认知的思辨能力，在此基础上引导学生学会具体问题具体分析，树立因地制宜的人地协调观，体验"山水林田湖草"一体化的生态保护与发展思路。

四、高考试题新变化对高中地理教学及评价改革的启示

2020年的高考地理试题彰显了地理学科的本质，自然与人文并重，系统与区域并重，理论与应用并重，创新性地开发地理资源，创设全新的地理试题情境，对学生学科核心素养的考查再升级，对学生学科关键能力的要求再提高，为一线教学提供了明确的努力方向。"人地协调观、综合思维、区域认知和地理实践力"四位一体的地理学科核心素养立意，要求我们在教学中着重培养学生的学科核心素养，在教学方式、评价方式上及时做出相应的转变，真正落实立德树人的根本任务和要求。在教学方式上，基于地理学科核心素养的教学有着更丰富的内容和更深刻的内涵，无法在传统的一个课时内完成，而需要通过多课时的项目式、主题式、单元式的研究性学习实现，因而，教师在做教学设计时需要从学生的角度考虑，重构学习单元，进行基于大概念的教学，将某一具体区域的地理知识融入真实的情境，设计与真实情境、学科大概念相关联的大任务，引发学生去思考并厘清"情境、知识和素养的关系"（图4），让学生自主感受知识的生发过程，建构分析问题的思维路径，培育地理学科核心素养。

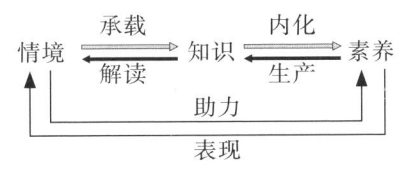

图4 情境、知识和素养关系图

在评价方式上，由于评价的功能是引领教与学的设计，检测目标的达成度，促进学生的发展，因此，在教学中应更多倡导表现性评价、思维结构评价，倡导基于评价目标的逆向教学设计，将评价镶嵌在教与学的过程中，让评价成为教学中的"导航系统"。随着考试测量工具与评价理论的发展以及实践探索的推进，特别是当前以素养立意为主的考试评价方向，笔者认为，可以更多地借助SOLO等级评分量表，依据学生回答问题时思维结构的复杂性来评判学生的素养发展水平，实现由"采点"到"采意"的转变。通过这种方式引导教师在教学中关注学生知识的结构化、思维的逻辑生成以及素养的自主提高。以2020年高考文科综合全国Ⅰ卷第37题第（2）题答案的制定为例，可以尝试使用SOLO等级评分法对其评分标准进行量化（表1），使标准更加明确，更好地发挥试题对教学的引导价值。

表1 SOLO等级评分量表使用案例

等级	等级描述	分数
水平4	1.能从时空综合、要素综合等多角度正确推断并表述玄武岩形成的先后顺序 2.能够明确侵蚀强度和形成时间早晚的关系 3.能够根据台地、平顶山、尖顶山的形态特征推断其受侵蚀的程度以及形成的时间，并正确表述理由，具有较强的整合能力、思辨能力、逻辑推理能力	10~12
水平3	1.能从时空综合、要素综合等多角度正确推断并表述玄武岩形成的先后顺序 2.能够明确侵蚀强度和形成时间早晚的关系 3.没有结合台地、平顶山、尖顶山的形态特征去推断其形成的先后顺序并说明理由，欠缺整合材料信息的能力	5~9
水平2	1.能正确推断并表述玄武岩形成的先后顺序 2.没有正确推断侵蚀强度和形成时间早晚的关系，语言表达与归纳整理能力、思辨能力欠缺	2~4
水平1	1.没有应答，或应答与试题无关 2.玄武岩形成的先后顺序错误，或理由与形成先后顺序逻辑不一致	0

参考文献：

[1] 史辰羲.基于高考评价体系的地理科考试内容改革实施路径[J].中国考试，2019（12）：65-70.

[2][3] 中华人民共和国教育部.普通高中地理课程标准（2017年版）[S].北京：人民教育出版社，2018.

"河流"在近年高考地理试题中的考查与启示

周明发① 罗 培② 周远桢③ 杨小华④

地理课程中的"河流"（水文要素之一）内容与各个自然地理要素都有紧密关系，与人类的生存繁衍、生产生活息息相关，是《普通高中地理课程标准（2017年版2020年修订）》（以下简称"2017年版课标"）的主干内容，无论是在日常教学还是在高考中都是备受关注的重点。本文尝试从高考评价体系的角度对2016—2020年高考文科综合全国卷中有关"河流"的地理试题进行剖析，并将得到的一些启示与大家分享。

一、高考中有关"河流"的地理试题统计

通过对2016—2020年高考文科综合全国卷中有关"河流"的地理试题进行统计分析（表1），我们可以发现其具有以下特点。

1. 频率高。每年的高考文科综合全国卷都会对与河流相关的知识进行考查，2020年只在高考文科综合全国Ⅱ卷中出现。

2. 分值高。在2016年高考文科综合全国Ⅱ卷中占46分，在2020年高考文科综合全国Ⅱ卷中占42分，在2016、2017年高考文科综合全国Ⅲ卷和2018年高考文科综合全国Ⅰ卷中均占34分。每一年的三套试卷中平均分都在20分左右，只有2018年和2020年所占的分值较低。

3. 题型齐全。2016—2020年，每年既有选择题，又有综合题。

4. 2019年和2020年试题在分布上发生了变化，不仅出现在必做题，而且选做题（2019年高考文科综合全国Ⅰ卷和Ⅱ卷第44题）也以河流为载体对环境保护进行了考查。2020年高考文科综合全国卷中"河流"地理

---

① 周明发，西华师范大学国土资源学院2019级硕士研究生。
② 罗培，西华师范大学国土资源学院教授。
③ 周远桢，西华师范大学国土资源学院2019级硕士研究生。
④ 杨小华，西华师范大学国土资源学院2019级硕士研究生。

表1 2016—2020年高考文科综合全国卷地理试题有关"河流"的考查情况

试卷年份	Ⅰ卷			Ⅱ卷			Ⅲ卷		
	题号	题型	分值	题号	题型	分值	题号	题型	分值
2016年	7~9（贝壳堤）	选择	20分	9~11（河床断面形态）	选择	46分	7~9（甲、乙两条河流）	选择	34分
	36（2）（横县茉莉花茶）	综合		36（罗讷河）	综合		36（内格罗河）	综合	
2017年	6~8（西北某闭合流域）	选择	12分	1~2（淮河、长江）；6~8（尼罗河）；9~11（洪积扇）	选择	32分	7~9（河口浮游植物）	选择	34分
							37（额尔齐斯河）	综合	
2018年	6~8（河流阶地）	选择	34分	9~11（汾川河）	选择	12分			
	37（乌裕尔河）	综合							
2019年	9~11（小北干流）	选择	22分	9~11（霍林河）	选择	22分	37（河面宽度深度）	综合	22分
	44（密西西比河人工运河）	综合		44（清溪川复原工程）	综合				
2020年				1~2（带"河""沟""湾"的地名）	选择	42分			
				37（金沙江）；44（那考河）	综合				

试题的频率和分值相较前四年发生了一些变化，在2021年及以后的高考中该部分试题会怎样安排还有待继续观察，但地理学科中的"河流"知识是必不可少的重要教学内容，直接影响学生地理学科核心素养的发展，特别是人地协调观的建立和可持续发展观念的形成。

二、课标与教材中"河流"知识的体系及分布

我们根据2017年版课标以及人教版地理教材整理出"河流"知识体系图（图1）。从图中可以看出，河流专题的知识包括河流的基础知识、河流与自然地理要素、河流与人类活动、河流的开发与治理、世界和中国的主要河流等。

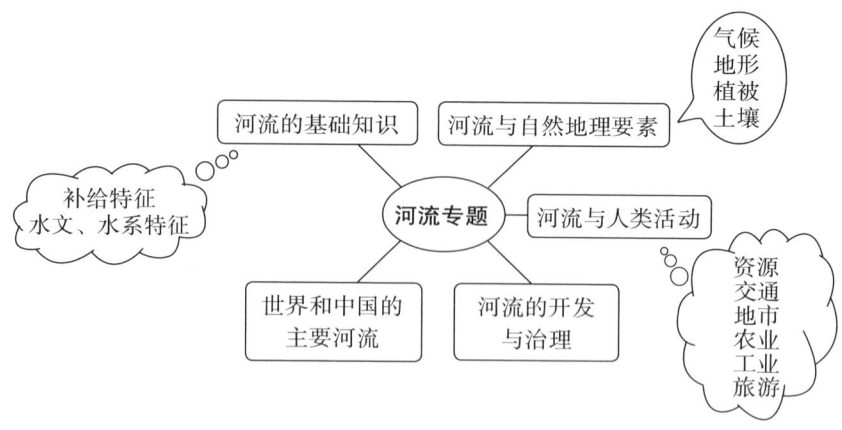

图 1　"河流"知识体系图

通过对2017年版课标以及人教版地理教材的梳理（图2），我们可以发现，河流的知识点具有分布广、跨度大、联系宽的特点。其中，2017年版课标在必修1中增加了陆地水体的相互关系的内容，在选修6"环境保护"中增加了水资源概况、污染的严峻性、水质采样及检测、水资源保护方案等内容。依托河流可以很好地考查学生的地理学科能力和素养，契合"一核、四层、四翼"的高考评价体系要求。

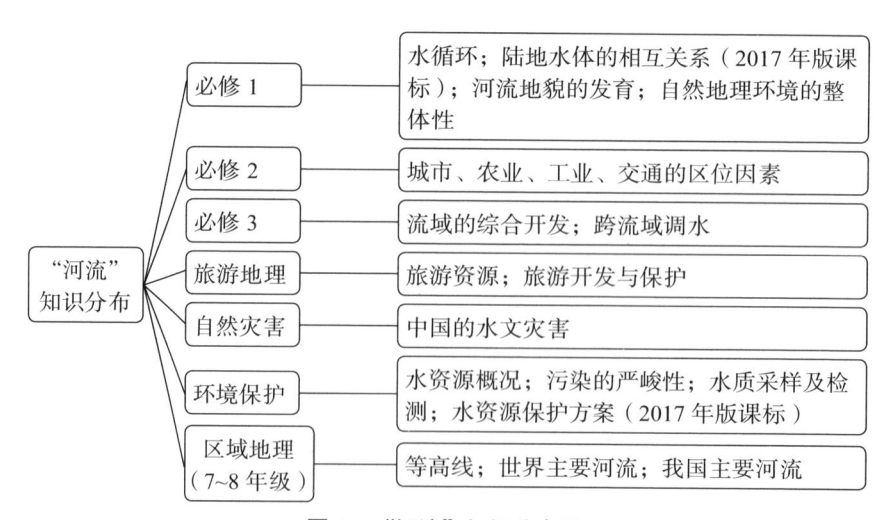

图 2　"河流"知识分布图

三、从"一核"角度看"河流"地理试题

高考评价体系的"一核、四层、四翼"三者组成结构严谨的整体系统，协同发挥高考的社会作用和教育价值（图3）。[1] 高考中的"河流"地理试题主要依托生态文明建设等思想，达成立德树人的目标。

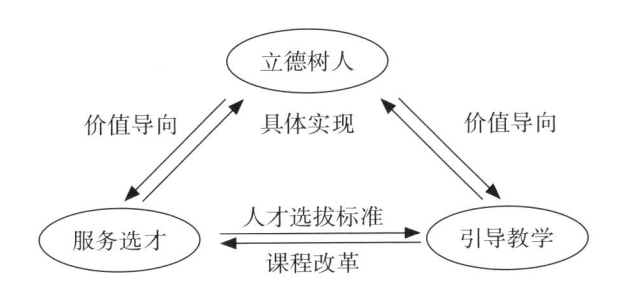

图3 "立德树人、服务选才、引导教学"的关系示意图

以2020年高考文科综合全国Ⅱ卷第44题为例。

竹排江是南宁市主要的内河之一，由北向南贯穿市区，其上游河段叫那考河。20世纪90年代开始，沿河养殖业兴起，大量污水和垃圾进入那考河，那考河一度变成"纳污河"。从2015年起，当地政府按照海绵城市建设理念，实施了河道截污、河道生态、沿岸景观工程以及污水厂建设等，由"点源治理"转变为"适度集中、就地处理、就地回用"的流域综合治理。如今那考河沿岸成为水清岸绿的滨江公园。

简述采用"适度集中、就地处理、就地回用"模式治理那考河污染的意义。

此题的考查内容属于选修6"环境保护"。试题以南宁市那考河为例，要求学生分析从"点源治理"转变为"适度集中、就地处理、就地回用"的流域综合治理的意义，引导学生思考我国河流污染治理理念的变化，积极践行生态文明建设理念，为美丽中国贡献自己的力量。生态文明建设是习近平新时代中国特色社会主义思想的重要组成部分，党的十八大以来，以习近平同志为核心的党中央把生态文明建设摆在了中国特色社会主义"五位一体"总体布局的战略位置。这启示我们，在日常的

地理教学中应高度关注学生人地协调观的培养，它是地理学科最核心的价值观，包含着正确的人口观、资源观、环境观和发展观等；要引导学生树立可持续发展的思想，指导学生深刻理解生态文明建设的提出背景、深刻内涵及重要意义，把学生培养成新时代自觉践行生态文明建设理念的公民。

四、从"四层"角度看"河流"地理试题

"一核、四层、四翼"中的"四层"，即"必备知识、关键能力、学科素养、核心价值"。地理学科的"必备知识"是学生在面对与地理学科相关的生活实践或学习探索问题情境时，有效地认识问题、分析问题、解决问题所必须具备的知识，是由学科的基本事实、基本概念、基本规律、基本方法组成的学科基础知识体系。[2]"河流"部分是地理学科的主干知识之一。地理学科的"关键能力"包括获取和解读地理信息、描述和阐释地理事物、论证和探讨地理问题等方面的能力。地理学科的"核心素养"包括人地协调观、综合思维、区域认知和地理实践力，综合性和区域性是地理学研究的两大特点，由此形成的综合思维和区域认知，是学生应具备的分析和理解地理过程、地理规律、人地关系的思维品质和能力。地理课程具有很强的实践性，[3]在实践活动中运用综合思维和区域认知，是学生感悟、体验现实世界中人地关系的重要途径。地理学科的"核心价值"主要体现为人们对人类与地理环境之间关系秉持的正确的价值观，与2017年版课标提出的"人地协调观"一致。

通过对2016—2020年高考文科综合全国卷中"河流"地理试题的统计（表2），我们可以发现，试题主要考查河流的水文和水系特征、河流与自然地理要素、河流与人类活动、河流地貌、河流开发与治理等必备知识，其中对河流水系特征的考查相对较少。

表 2　2016—2020 年高考文科综合全国卷中"河流"地理试题考点分布

考点		2016年 I卷	2016年 II卷	2016年 III卷	2017年 I卷	2017年 II卷	2017年 III卷	2018年 I卷	2018年 II卷	2018年 III卷	2019年 I卷	2019年 II卷	2019年 III卷	2020年 I卷	2020年 II卷	2020年 III卷
河流特征	水文特征		9；36(1)	36(1)				37(3)	9~11		9；11					
	水系特征						37(1)									
河流与自然地理要素				7~9	6~7	1；7~8	7~9；37(2~3)	37(1~2)							37(2~4)	
河流与人类活动		36(2)	10~11	36(2~3)		2；6		6~8							1~2	
河流地貌		7~9				9~11		37(4)			10	9	37(1)			
河流开发与治理			36(2~4)；43		8						44	10~11；44	37(2~3)		44	

以 2016 年高考文科综合全国Ⅱ卷第 36 题为例。

阅读图文材料，完成下列要求。

罗讷河发源于瑞士境内的冰川，在法国境内的流域面积占总面积的 94%，历史上曾是一条"野性"河流，经常洪水泛滥。19 世纪以来，法国对罗讷河进行多次整治，并于 1931 年成立"国立罗讷河公司"，作为罗讷河综合整治和开发的唯一授权机构，下图示意罗讷河流域的地形。

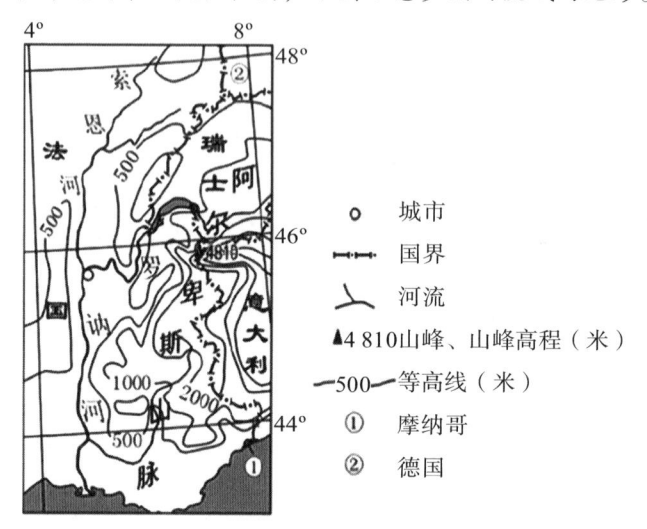

（1）分别指出罗讷河上游（瑞士境内）、北部支流（索恩河）和地中海沿岸支流径流量的季节变化。

（2）下表列出了罗讷河整治不同阶段的主要措施。请在下列整治和开发目标中进行选择，完成下表。请将选出的各整治和开发目标填写在答题卡的相应位置。

整治和开发目标：

防洪　改善水质　发电　增加生物多样性　土地开发　开采河沙　改善航运条件

阶段	时间	主要措施	主要整治和开发目标
第一阶段	19 世纪 40 年代至 20 世纪 20 年代	整治河道，裁弯取直，消除河道分汊	①_____
第二阶段	20 世纪 20 年代至 80 年代	进行梯级开发，整理河谷滩地等	②_____
第三阶段	20 世纪 90 年代以来	恢复弯曲河道及河道分汊	恢复河流生态

（3）说明法国为整治和开发罗讷河而设立"国立罗讷河公司"的原因。

（4）说明"恢复弯曲河道及河道分汊"对恢复河流生态的作用。

这组试题主要考查不同河段的水文特征、河流的开发与治理等地理必备知识。学生要作答，就需要从材料中获取经纬网、等高线等信息，然后调用气候等地理必备知识，运用综合思维和区域认知的思想方法推测该地的地理环境。本题考查学生的必备知识和关键能力，体现了地理学科核心素养以及地理学的尺度思想、时空观等。2019年高考文科综合全国Ⅰ卷第44题，分析了19世纪中期美国密歇根湖和密西西比河的人工运河对当时环境的影响；2019年高考文科综合全国Ⅱ卷第44题，说明韩国清溪川复原工程对改善当地环境的作用。这两道试题和该组试题的第（4）问具有异曲同工之妙，凸显了人地协调观，以欧美、韩国等发达国家和地区的河流开发与治理案例，启示我们重新审视当前我国河流的开发与治理现状，引导教师在日常地理教学中重视人地协调观等核心价值观的渗透，落实立德树人的要求。

五、从"四翼"角度看"河流"地理试题

"一核、四层、四翼"中的"四翼"，即"基础性、综合性、应用性、创新性"。基础性要求学生基础扎实，关注主干内容，关注今后生活、学习和工作所必须具备、不可或缺的知识、能力和素养。综合性既包括学科内的综合，也包括学科间的综合，要求学生既做到对知识横向的融会贯通，也做到对知识纵向的融会贯通，在必备知识、关键能力、学科素养、核心价值这个具备内在逻辑关系的整体架构中游刃有余。[4]应用性不仅要求学生关注与国家经济社会发展、科学技术进步、生产生活实际等紧密相关的内容，而且要求学生养成运用地理学科的思维方法认识事物、解决实际问题的思维习惯，并具备解决问题的能力。创新性指在考试中考查学生的创新思维和创新意识，加强对学生独立思考、发散思维、逆向思维等方面的考查，增强试题的开放性和探究性，要求学生提出解决问题的设想或

表达独特的见解。

以2019年高考文科综合全国Ⅰ卷第9~11题为例。

黄河小北干流是指黄河禹门口至潼关河段,全长132.5千米。该河段左岸有汾河、涑水河,右岸有渭河等支流汇入,河道摆动频繁,冲淤变化剧烈,为典型的堆积性游荡河道。下图为黄河小北干流河段示意图。据此完成9~11题。

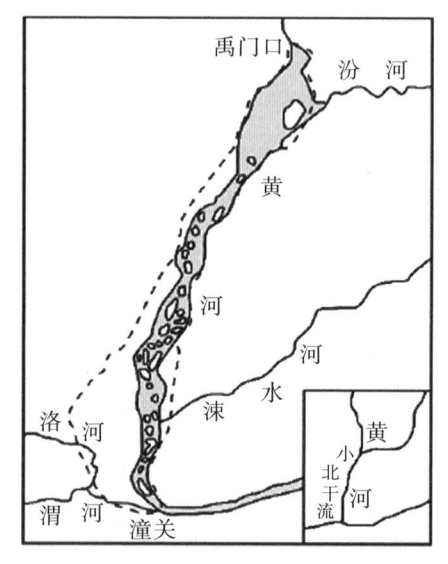

9. 黄河小北干流为堆积性游荡河道,是因为该河段河流(　　)

A. 流量大、含沙量季节变化小

B. 流量大、含沙量季节变化大

C. 含沙量大、流量季节变化小

D. 含沙量大、流量季节变化大

10. 黄河小北干流河道中段摆动范围较小的主要影响因素有(　　)

①河水流量　　②支流汇入
③沿岸地貌　　④两岸岩性

A. ①②　　B. ②③　　C. ③④　　D. ①④

11. 渭河是黄河最大的支流,流量和含沙量均较大。在主汛期,渭河的洪峰导致黄河小北干流(　　)

A. 含沙量剧增,摆幅增大

B. 水量增大，流速加快
C. 水位上升，淤积增强
D. 侵蚀加强，河床加深

2019年高考文科综合全国Ⅰ卷第9题考查河流水文特征的基础知识，从关键词和关键信息"堆积""游荡"、图中的"河心洲"众多以及位于黄土高原的地理背景等，可以推测其含沙量一直较大，变的是流量。第10题考查河流地貌的基础知识，针对黄河小北干流河道中段摆动范围较小的因素设问。该段河流空间尺度进一步缩小，中段无支流汇入，流量无明显变化，河道变动小，那么，一定有更特殊的因素。调用所学地理知识、原理等可以推测出，原因为峡谷地貌的束缚，或者河道两侧岩石坚硬。第5问，两河汇聚，如果其中一条河流的流量大增，可以推知其对另一河流的顶托作用必然增强，导致水位上升，排水不畅，进而流速减缓，泥沙淤积。该组试题凸显了基础性、综合性、应用性和创新性，体现了地理学的尺度思想。河流地貌是"河流"高考试题的重要考点，从表2可以看出，2016—2020年的高考文科综合全国卷每年都做了考查，2019年高考文科综合全国Ⅰ、Ⅱ、Ⅲ卷同时出现。通过梳理发现，2018年高考文科综合全国Ⅰ卷第6~8题和2016年高考文科综合浙江卷第5~6题的两组试题都以河流阶地的断面图，考查河流地貌、地壳运动等必备知识，图文材料的呈现、设问的方式相似，但是设问角度和情境创设有差异。2016年高考文科综合全国Ⅱ卷第9~11题和2019年高考文科综合全国Ⅲ卷第37题也都在考查河流地貌等必备知识，都以河床断面宽度和深度的时空变化为切入点，但是两组试题的材料呈现、设问方式存在明显差异。2016年以坐标曲线呈现，2019年以剖面图呈现，考查方式从选择题变成了综合题。这启示我们，在日常教学中，要以学科核心素养为本，相关必备知识和关键能力缺一不可，以知识和能力做支撑，才能形成地理学科核心素养。

在河流入海口一般会形成三角洲是常识，但是2008年高考文科综合全国Ⅰ卷第36题第（3）题却让学生分析G河（刚果河）没有形成明显三角洲的原因。通常，大河河口的鱼类资源丰富，但是，2014年高考文科综合全国Ⅱ卷第36题第（3）题却要求分析鄂毕河河口鱼类资源相对较少的原因。2016年高考文科综合全国Ⅲ卷第36题第（2）题要求对"河上很少有桥"这一现象给出合理解释。这些"河流"试题都蕴含了一般与特殊的哲学思想，完美诠释了综合性、应用性和创新性，能很好地考查学生的创新思维，潜移默化地培养学生的创新意识。这启示我们，在地理教学中要注重渗透哲学思想，而哲学的智慧主要是提供思维方法、提升思维层次。对这些试题的归类练习和分析，有利于培养学生的逆向思维、创新思维，以及地理学科核心素养，同时有利于培养学生的哲学思辨精神。

通过对2016—2020年高考文科综合全国卷中"河流"地理试题的统计与分析，我们可以发现，该部分试题不变的是注重考查基础知识、基本规律和原理，以能力和素养立意的命题风格；变的是试题情境的创设、材料的呈现、设问的方式等。从"一核、四层、四翼"的角度对"河流"地理试题进行详细剖析可以看出，该类试题融合生态文明、人地协调等核心价值观，凸显了高考立德树人的要求；主要考查河流的水文特征、河流地貌、河流的开发与治理等必备知识，体现了基础性；依托图（表）文材料对地理现象的分析中蕴含着哲学思想和地理思想方法，注重考查关键能力、地理素养和创新思维，情境的创设注重时空尺度的变化，设问的角度小点切入、纵深探究，体现了综合性、应用性和创新性。

参考文献：

［1］姜钢.论高考"立德树人、服务选才、引导教学"的核心功能［J］.中国高等教育，2018（11）：31-35.

［2］［4］史辰羲.基于高考评价体系的地理科考试内容改革实施路径［J］.中国考试，2019（12）：65-70.

［3］陈良豪.基于地理核心素养的主题教学策略探析［J］.大连教育学院学报，2018（4）：27-29.

地理综合思维的考查与培养

——以 2021 年全国高考甲卷文科综合第 37 题为例

佟 柠[①]

在普通高中新课程改革和高考改革协同落实立德树人根本任务的背景下，全国高考地理试题在体现核心素养立意的同时，也发挥着对地理学科育人的引领作用。培养学生综合思维是地理学科育人的重要内容，本文选择凸显对综合思维水平考查的全国高考甲卷文科综合第 37 题进行评析，并在此基础上探讨综合思维的培养路径。

一、试题分析：指向地理综合思维素养的全面考查

【原题呈现】37.（24 分）阅读图文材料，完成下列要求。

图 4 所示的我国祁连山西段某山间盆地边缘，山坡、冲积扇和冲积平原的植被均为草原，其中冲积平原草原茂盛。山坡表面多覆盖有沙和粉沙物质。附近气象站（海拔 3 367 米）监测的年平均气温为 −2.6 ℃，年降水量约 291 毫米，集中在夏季，冬春季多风。

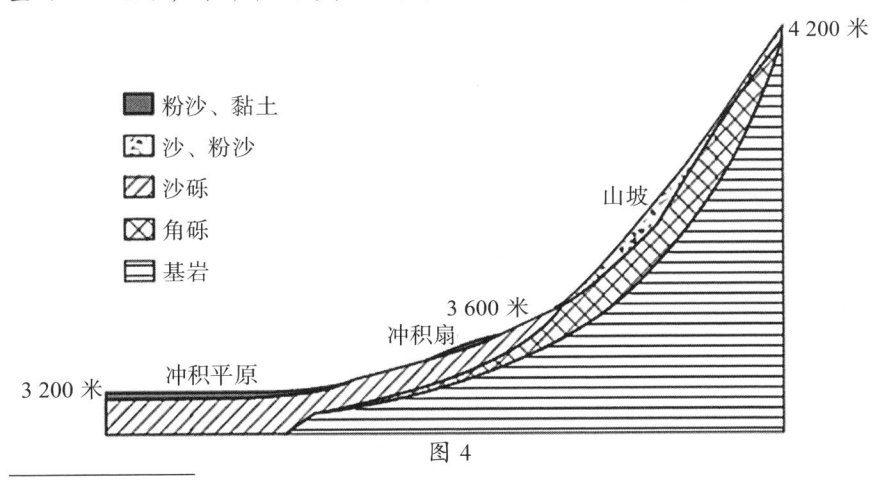

图例：
- 粉沙、黏土
- 沙、粉沙
- 沙砾
- 角砾
- 基岩

图 4

[①] 佟柠，教育学博士，江苏省无锡市教师发展学院发展研究部主任、正高级教师，江苏省首批"苏教名家"培养对象，江苏省高中地理名师工作室主持人。

（1）说明冲积扇和山坡堆积物中砾石的差异及其原因。（8分）

（2）分析分布在山坡表面的沙和粉沙的空间迁移过程。（8分）

（3）说明冲积平原水分条件比山坡和冲积扇好的原因。（8分）

《普通高中地理课程标准（2017年版2020年修订）》在学业水平考试命题建议中指出，要"理解和把握地理学科核心素养与学业质量标准，制定明确的评价目标"，并建议从"测试内容、具体任务、试题情境"三个方面，"构建能够科学地测评地理学科核心素养发展水平的框架"。据此，本文认为，可以从素养立意、测试内容和评价任务三个维度来评析高考试题。素养立意是指对人地协调观、综合思维、区域认知、地理实践力等地理学科核心素养进行评价。测试内容是指选择地理学科特异性领域中结构性强的知识作为评价核心素养的重要载体。评价任务是指调动地理学科核心素养来解决具体问题，以经过选择的测试内容为载体，融合试题情境和问题设计，用以区分考生地理学科核心素养的真实水平。依据上述分析框架，2021年全国高考甲卷文科综合第37题在考查综合思维水平方面具有以下显著特征。

（一）素养立意鲜明：全面深入考查综合思维

第37题需要考生分析某一特定自然地理环境中一些地理事象（砾石、水分）的空间分布差异及其原因，描述某些地理事象（沙和粉沙）的空间迁移过程。这一问题的解决，需要考生展现其综合思维水平，运用要素综合、时空综合、地方综合的分析思路，对现实中的地理事象进行系统性、地域性的解释。

1. 考查要素综合水平

第37题的三道小题均能引发考生运用要素综合分析不同地理事象的存在与其所处地理环境要素之间的关系。第（1）题以冲积扇和山坡堆积物中的砾石为分析对象，考生可先依据图示分析不同空间位置砾石形态的差异，即冲积扇以沙砾为主、山坡堆积物以角砾为主；再分析两种不同类型砾石的分布与何种自然地理环境要素相关，可从流水、风力、冰川、重力等对地貌产生影响的外力作用因素上去考虑。第（2）题则需要考生探究分布在山坡表面的沙和粉沙的空间迁移的动力机制,在可能引发其迁移的流水、风力、冰川等动力要素中做出合理的推断和选择。第(3)题需要考生在解释冲积平原水分条件比山坡和冲积扇好的原因的过程中,从水循环的视角建立起自然界中的水分运动与地质、地貌、地形和生物等要素之间的联系。因此,三道小题均需要考生运用要素综合来厘清解决问题的基本思路,且所涉及的要素基本涵盖了自然地理环境中的主要要素。

2. 考查时空综合水平

考生探究第(2)题中山坡表面的沙和粉沙的空间迁移时,须提出相关假设——沙和粉沙有可能是从山顶滑落下来的,也有可能是从冲积扇或冲积平原表面被风力吹送过来的,这就需要从山坡与相邻地域的空间联系出发,思考作为山坡堆积物的沙和粉沙,需要有一个逐步迁移至此并堆积下来的变化过程,这就体现了时间综合。第(3)题对冲积平原的水分特征的分析涉及空间综合,如陆地水与大气水、地表水与地下水,均要考虑处于不同空间位置的水之间的联系。

3. 考查地方综合水平

三道小题均需要考生在要素综合和时空综合的基础上,紧密结合祁连山西段某山间盆地边缘这一区域的自然地理特征进行地方综合的分析。第(2)题涉及山坡表面的沙和粉沙的空间迁移,考生结合该地冬春季多风且冲积平原和冲积扇表面覆盖物多为粉沙、沙砾等疏松沉积物的地方特点,可判断其是风力把颗粒小的粉沙从山脚下的冲积扇和冲积平原搬运至山坡堆积而成。第(3)题中冲积平原的水分条件较好则与当地海拔较高,年均温在 0 ℃以下,地下有冻土层分布并起到保水作用有密切关系。由此可见,考生是否善于运用地方综合思维会直接影响问题解决的系统性、全面性和完整性。

(二)测试内容匹配:以《自然地理基础》为载体

第 37 题以选择性必修 1《自然地理基础》为测试内容,具体包括自然环境中的物质运动与能量交换、自然环境的整体性和差异性等。综合思维作为考生认识地理事物和地理规律的主要认知方法,其引发是有条件的,往往需要以体现地理规律、结构丰盈、关联综合性强的内容来促进其展现。因此，选择《自然地理基础》的相关知识来考查考生的综合思维水平是适切和匹配的。

1. 内容体现地理规律

第37题主要分析自然环境中的物质分布与运动特征及其原因，这需要借助自然环境中的物质运动、自然地理环境的整体性和差异性等基本的地理规律或地理原理来分析解决。选择体现地理规律的内容考查综合思维，是因为地理规律和地理原理的获得恰恰是综合思维的重要认知结果，综合思维是运用综合的观点认识地理环境的思维方式和能力水平。例如，自然环境中的物质运动和能量交换规律包括水循环、大气运动、岩石圈物质循环等，对这些规律的认识均离不开综合的观点。由此可见，对地理规律的认识水平与综合思维的应用能力高度正相关，选择有力体现地理规律的内容有助于综合思维的展现及对其水平的考查。

2. 内容具有丰盈结构

试题所涉及的自然地理环境中的物质运动、自然地理环境的整体性和差异性等内容有着丰富的内涵，涵盖地球上的大气圈、水圈、岩石圈、生物圈，并包含四大圈层之间的密切联系。这些内容同时也是结构化的知识体系，不是孤立的、碎片化的知识，这有助于在较短的试题篇幅中有深度地考查考生综合思维的运用水平。

3. 内容关联综合性强

具有较强综合性的内容往往体现着地理事物与其他地理要素之间的复杂关系，对这些复杂关系的揭示需要运用综合思维。自然地理环境的整体性和差异性就是具有较强综合性的内容，正是由于各地理要素之间的相互作用和相互影响，使得某一地理环境中的各要素之间既具有统一性，也存在空间差异性。例如，试题中的冲积平原水分条件好与地形地貌、气候条件和沉积物特征之间相统一，冲积扇和山坡砾石形状存在差异与不同的外力影响相关，对这些问题的解决也体现着综合思维的水平。

（三）评价任务精巧：科学区分综合思维水平

第37题以学业质量水平4对综合思维的考查要求为依据，设计真实、简洁、精准的问题情境，引发考生综合思维外显表现的关键特征，从而区分其综合思维的水平。

1. 真实简洁的情境创设

试题以我国祁连山西段某山间盆地边缘为情境，运用语言文字和剖面图示呈现这一真实自然环境的整体特征，以及气候、植被、地貌等要素特征，以简洁的方式呈现出真实、复杂的地理要素空间分布差异及其相互之间或隐或显的联系。

2. 深度精准的问题设计

三道小题以简明的设问引导考生展开不同类型的综合思维，既有深度，也很精准。从分析对象上看，既有对图示中明显的地理事象的分析，也有对隐于表面信息下的隐性地理事象的分析；既有对地理事象空间分布及其原因的分析，也有对地理过程的描述。对这些问题的回答需要考生不断运用要素综合、时空综合和地方综合来思考和表达。

3. 层次分明的表现预期

三道小题创设了不同复杂程度的地理事物之间的联系，考生的预期表现能够层次分明地展现其综合思维水平。第（1）题是对显性的、相对静态的地理事物进行分析，考生可以依据外力对地表形态产生影响的基本原理，推断出较细的沙砾是因流水搬运和沉积作用形成的，山坡上不规则的角砾是以重力搬运堆积为主形成的，要素综合较为简单。第（2）题则需要考生探究具体的地理过程，对综合思维的要求较高。第（3）题需要考生对图示中"看"不到的"水分"的存在与运动进行探究，对综合思维的要求更高。

综上，第37题所呈现的综合思维考查思路是：以祁连山西段某山间盆地边缘为真实情境，要求学生探究地理要素（地表堆积物、水分）等存在空间分布差异的原因，运用要素综合、时空综合和地方综合等综合思维，结合自然环境中的物质运动、自然地理环境的整体性和差异性等必备知识，提出科学合理的解释，以此考查考生的综合思维水平。这一命题设计思路要求学生展现如下思维过程：建立真实地理环境中某一地理事象以及其他地理要素的表象，基于表象展开地理推理，建立地理要素之间的联系，推断其符合地理规律和客观实际情况的程度。这就说明，在日常地理教学中，仅仅依靠"刷题"是难以让学生真正建立起综合思维的。综合思维的培养需要让学生建立丰富准确的感性认识，从感性认识上升到理性认识，再把理性认识运用到新问题的解决中，从而不断提高学生的认识水平。

二、教学启示：以学科典型学习方式培养综合思维

学会科学认识自然地理事象空间分布及其形成、变化的客观规律是地理学科育人的重要目标。从某种意义上说，地理规律就是地理事物空间关系的总和，以综合的观点把握地理事物空间关系的认识能力就是综合思维。因此，科学认识地理规律离不开对综合思维的培养。教师如何培养学生的综合思维？第37题带给我们的启示是：在真实的地理场景中思考有关地理的基本问题，运用综合的观点认识地理事象及其规律，即采取与综合思维培养相匹配的学科典型学习方式来学习。

（一）创设典型学习环境，在真实地理场景中体验，为感性认识奠定基础

真实地理场景是培养综合思维的典型学习环境，是综合思维发生、发展以及应用的重要环境。真实地理场景中的真实地理事物是建立丰富的、准确的地理事物表象的基础。表象是通过感知而形成的感性形象，是客观对象不在主体面前呈现时，在观念中保持的客体形象及其复现的过程，因此，表象是综合思维的基本素材。真实地理场景中蕴含着地理事物间的丰富联系，是开展要素综合、时空综合和地方综合的最佳环境。学生要尽可能在真实场景中学习，直接认识各种地理事物，感受地理事物的本质并理解它们，通过感性认识建立起有关地理事物的丰富表象，打通外在真实世界与内在认知世界，准确建立自然地理环境中的地理事物与内在认知中的

地理表象之间的联系。

（二）研究典型学科问题，开展空间格局推理，为理性认识提供方向

问题是思维的动力。作为研究空间以及空间所容纳事物的学科，地理学研究的典型问题是：地理事物的空间格局如何随着时间变化而形成？即研究一个地方"有什么""为什么""还会怎么样"等问题。对这些问题的探索，将推动学生把地理表象加工为丰富的符号系统（包括语言文字、图示表达等），梳理、改造和推理所建立表象之间的关系，不断深化理性认识，通过建立概念、展开判断、组织验证、进行推理，使其既系统完整又符合客观实际，从而产生对地理规律正确的、新的认识。在教学中，教师可以围绕有关区域空间格局的问题，设计需要运用要素综合、时空综合和地方综合来分析，且有一定复杂区分度的评价任务，推动学生展开综合思维。

（三）应用典型地理规律，进行举一反三实践，为提升认识创造条件

综合思维的本质是认识地理事物和地理规律的能力。从实践论的角度看，只有把所认识的地理规律再次应用于新实践，才能完成认识能力的飞跃。从第37题的设计来看，以真实情境考查学生的综合思维能力，需要学生学会把综合思维迁移至新的情境中加以应用。这就要求教师不断创造让学生在不同情境中应用典型地理规律、举一反三实践综合思维的学习机会。只有把新的认识应用于新的思维实践中，建立更加丰富的表象，进行更加严谨的整理和推理，学生对地理规律的认识才能日益准确、深刻和丰富。这样既可以把对地理规律的认识迁移、应用于对更多地理事物的认识上，也可以在又一次的认识过程中提升和改造自己的认识能力。例如，地理研学活动就是符合以综合思维认识地理环境的学科典型学习方式。学生进行野外考察或者社会调查，有助于建立起有关地理事物的丰富表象，继而形成各种概念，展开各种推理，建立各种联系，从而正确认识地理客观规律的本质，再将所认识的地理规律应用到下一次地理实践活动中去，让对地理规律的认识反哺对地理环境的再认识，并在这一过程中不断提升自身的综合思维能力。与此同时，教师也需要选择或编制合适的试题，即情

境真实新颖、体现地理规律、任务区分度高的题目让学生练习，从而让学生能够运用综合思维并知晓自身综合思维的发展水平。

综上所述，地理高考试题既要能考查考生对地理规律认识的准确性，又要能考查其对地理规律的认知水平，并由此鼓励广大教师采取地理学科典型学习方式来支持学生的地理学习，让学生在深刻认识地理规律的过程中不断提高认识水平，这也是地理学科育人的基本路径。